中国史

历史书系

秦汉

李镇◎著

山西出版传媒集团　三晋出版社

图书在版编目（CIP）数据

极简中国史 . 秦汉 / 李镇著 . -- 太原：三晋出版
社 , 2024. 8. -- ISBN 978-7-5457-3054-8

Ⅰ . K209

中国国家版本馆 CIP 数据核字第 2024YM4889 号

极简中国史·秦汉

著　　者：李　镇
责任编辑：阎卫斌　张　路

出 版 者：山西出版传媒集团·三晋出版社
地　　址：太原市建设南路 21 号
电　　话：0351—4956036（总编室）
　　　　　0351—4922203（印制部）
网　　址：http://www.sjcbs.cn

经 销 者：新华书店
承 印 者：三河市同力彩印有限公司

开　　本：787mm×1092mm　1/16
印　　张：12
字　　数：135 千字
版　　次：2024 年 8 月第 1 版
印　　次：2024 年 8 月第 1 次印刷
书　　号：ISBN 978-7-5457-3054-8
定　　价：68.00 元

如有印装质量问题，请与本社发行部联系　电话：0351—4922268

目录

目录

历史人物

111

大事记

184

时代背景

大一统的开启

　　商鞅变法使得秦国从一个不起眼的弱国，逐渐在诸侯国之间的兼并战争中脱颖而出，成为实现中国统一的主导力量。从公元前 230 年开始，用了十年的时间，秦先后消灭韩、赵、魏、楚、燕、齐六国，到公元前 221 年统一了中国，结束了自春秋以来长达五百多年的分裂局面，建立了中国历史上第一个大一统的封建王朝。

　　嬴政称帝后，在中央设三公九卿，管理国家大事；地方上废除分封制，代以郡县制；为便于统治，在全国范围实行书同文、车同轨，统一度量衡。秦二世胡亥即位后，他进一步加重对农民的剥削和压迫。严苛的法律和繁重的徭役使得农民的苦难达到极点。

　　陈胜、吴广起兵后，各地的农民和贵族联合起来，纷纷建立反抗秦朝的军队。由于农民缺乏经验，内部也出现分裂，陈胜、吴广起兵半年就以失败告终。但此时各路反秦的力量已经被激起，特别是六国旧贵族也纷纷恢复力量，不断地冲击秦朝的统治。公元前 206 年，刘邦迂回进入武关，秦王子婴投降，秦亡。随后，西楚霸王项羽、汉王刘邦两大军事集团之间展开了四年的"楚汉之争"。最后，刘邦在垓下全歼楚军，获得胜利。

　　公元前 202 年，刘邦称帝，史称西汉。刘邦和他的继任者，陆续消灭了非刘姓的诸侯王，从而减弱诸侯王对中央的威胁。汉文帝、汉景帝采纳黄老无为而治的思想，推行轻徭薄赋、休养生息的政策，使得社会经济迅速恢复，开创了"文景之治"。汉武帝通过推行推恩令、独尊儒术等举措加强了中央集权，他还派张骞出使西域加强中原与西域各国的联系。在军事上，汉武帝多次对匈奴用兵，收复河套并将河西纳入版图，基本解除了匈奴对中原的威胁，使中国成为当时世界上首屈一指的强国。汉武帝晚年不再穷兵黩武，并采取一系列政策挽救经济。但是，西汉后期，皇帝软弱，外戚专权，皇帝的控制力越来越弱。公元 8 年，王莽废西汉末帝，西汉灭亡。

　　秦、汉两个王朝通过统一文字、货币、度量衡，以及焚书坑儒、独尊儒术等举措，从文化、思想上铸就了"统一"的共同心理和巨大向心力。而其铸就的一整套有利于集权的官僚制度、文化制度，使得"大一统"的观念深入人心，中央集权和"大一统"成为古代中国的常态。

▲秦始皇陵兵马俑

▲秦始皇陵铜车马

豪强迭起

西汉后期，朝廷横征暴敛，豪强大姓兼并土地，各种矛盾汇集，社会动荡不安，民不聊生。从朝廷到民间都流传"汉运将终，应更受命"的说法，甚至皇帝在思想上也接受了"再受命"的命运。

公元8年，汉室外戚王莽接受刘婴的禅让，改国号为"新"。新莽政权末年爆发了绿林、赤眉起义，西汉宗室刘秀趁势而起。公元25年，刘秀称帝，定都洛阳，延续"汉"的国号，史称东汉。汉光武帝刘秀吸取西汉时期权臣干政、外戚篡国以及地方权重等历史教训，大力整顿吏治，设尚书台掌国家大事，进一步削弱三公的权力，同时通过释放奴婢、减轻租赋徭役等措施振兴农业，让人民生活逐步安定下来，这一时期被后世称为"光武中兴"。

而汉章帝之后，皇帝继位时的年龄都很小，外戚掌控朝政。等到皇帝亲政后，又依靠身边的宦官来打压外戚。这就造成外戚专权和宦官干政交替出现。宦官干政给国家带来很大危害，引起士大夫的不满和反抗。士大夫与宦官之间斗争激烈，造成两次"党锢之祸"，很多士大夫被迫害或被排挤出朝廷。

东汉建立政权后，国家虽然重新统一，但各地豪强仍然控制着大量土地和人口，甚至拥有私人武装力量，最根本的社会矛盾一直没有得到解决。公元 184 年，黄巾起义爆发，朝廷无力平叛，地方长官各自募兵守备。黄巾起义虽然最终被镇压，但在这个过程中地方势力增强，中央权力削弱，埋下了东汉末年地方割据的祸根。

公元 189 年，董卓在外戚、宦官的争斗中崛起并控制了朝政。公元 192 年，董卓被杀，各地割据势力互相攻伐的局面愈演愈烈，朝廷的威望荡然无存。公元 196 年，汉献帝辗转流亡，被曹操迎接到许都。曹操凭"挟天子以令诸侯"的政治优势，经过多年征战，先后消灭了一些割据势力。公元 200 年，曹操在官渡大败袁绍。之后，曹操又消灭了袁绍的残余势力，北征乌丸、平定辽东，基本上统一了北方。

公元 208 年，曹操挥师南下，刘表的儿子刘琮投降曹操，刘备被击败。孙权、刘备联合在赤壁打败曹操，曹操被迫退回北方。公元 220 年，曹操的儿子曹丕称帝，国号"魏"，东汉正式灭亡。公元 221 年，刘备称帝，国号"汉"。公元 229 年，孙权称帝，国号"吴"。至此，形成三国鼎立的局面。

公元 263 年，魏攻灭蜀汉，刘禅投降，汉亡。公元 265 年，曹奂禅位于司马炎，西晋开始，魏亡。公元 280 年，西晋灭吴，孙皓投降，吴亡，西晋重新统一中国。

▲明·画家仇英《汉宫春晓图》

历史事件

秦并六国，一统天下

经过春秋战国长期的战乱，天下逐步向统一发展。秦国自商鞅变法以后，建立了中央集权的政权，经济发展迅速，军队战斗力强。到秦王嬴政即位的时候，关东六国先后衰败。李斯向秦王嬴政上书指出，秦国已具备统一天下的条件。

公元前238年，秦王嬴政举行冠礼后亲政。不久后，嫪毐（lào ǎi）企图作乱被嬴政发觉平定。当时的相国吕不韦受嫪毐牵连而被罢官。嬴政采纳了破六国合纵的策略，从内部开始分化瓦解敌国，又采取远交近攻、先弱后强的具体战略步骤，将六国各个击破。韩国是七国中最小的国家，挨着秦国，扼制了秦国由函谷关东进之路。秦要灭掉六国，必须先灭掉韩。经过秦国的多次攻打，韩国只剩下都城周围的少数土地，韩国向秦表示愿为藩属国。公元前230年，秦国派军队攻克韩国都城，俘虏韩王安，在韩国的国土上设立颍川郡。韩国成为六国中最早被灭的国家。

秦国的下一个目标是赵国。公元前232年，秦国出动两路大军进攻赵国。当时赵军主师是战国名将李牧，他集中兵力，击败来犯的两路秦军。赵军虽然取得胜利，但也损失了不少兵力。当时，还能够稍微与秦军抗衡的只有齐国，于是赵国向齐国求援。秦国得知后，也立即派遣一批策士到齐国进行游说，极力破坏齐、赵两国的联合。

公元前 230 年，赵国发生大灾，秦军趁机于第二年再次大举进攻赵国。赵军则在李牧、司马尚的指挥下与秦军作战，双方难分胜负。秦国认识到要想大败赵国，就必须先除掉李牧。于是秦国采取反间计，用重金收买赵王宠臣郭开诬蔑李牧、司马尚企图谋反。赵王听信谗言，罢免了李牧、司马尚，改任赵葱、颜聚为赵军统帅，并将李牧杀害。赵葱不是秦军的对手，很快被秦军击败。郭开劝赵王投降，赵王下令向秦军投降，赵国灭亡。

秦灭赵后，下一个目标是位于天下中间位置的魏国。由于此前多次被秦国打败并割地求和，魏国此时只剩国都大梁附近的一些城邑。公元前 225 年，秦军引水冲灌魏国都城大梁，几个月后，大梁城垣崩塌，魏国灭亡。

秦国接下来想消灭楚国，但楚国此时的实力还比较强。嬴政问将军李信，派兵攻打楚国需要多少兵马。李信回复说："不超过二十万人。"嬴政又问将军王翦，王翦说："最少需要六十万人。"听了两个人回答，嬴政认为王翦年龄大了，过于谨慎，就任命李信为秦军统帅，与蒙恬一起率二十万军队对楚国发起进攻。

楚军诱敌深入，给秦军以沉重打击。秦军遭受重大挫折后，嬴政亲自请王翦出任秦军统帅，王翦以身体不好作为托词。嬴政则坚持请他出征，并问他有什么要求。王翦此时才说："如果您一定要用我做攻楚的主帅，那就一定要六十万人不可。"嬴政答应了王翦的要求。在出征前，王翦请求嬴政多赐给他一些田宅，还三番两次请求赏赐金银珠宝。有人问王翦："您这样不断向秦王请求赏赐是不是有点过分了？"王翦说："秦王本来就生性多疑，现在把举国之兵都交给我掌管，如果我不通过请求赏赐田宅这种方式来表明没有谋逆之心，那秦王就可能真的会怀疑我。"

王翦进入楚国境内后，没有急于找楚军交战，而是先构筑坚垒进行固守，并下令不许出战，双方相持几个月都没有交战。楚王责怪楚军主帅项燕不主动出战，多次派人催他进攻秦军。项燕只得勉强率领楚军向秦军发起进攻，却攻不破秦军的营垒，项燕只好又向东退兵。王翦抓住机会，率领全军追击楚军，斩杀项燕，平定了楚国所属的各地。王翦接着率兵攻陷楚国都城寿春，楚王被俘。楚国被灭。

公元前 227 年，秦军对燕国作战。王翦以部分兵力向北进攻燕国，将秦军主力迂回到易水上游，击破易水附近的燕军，进而围攻燕国都城。公元前 226 年，王翦攻克燕国都城后，又向东追击燕太子丹的残部。此时，燕王认为秦军之所以攻燕，完全是由太子丹之前派荆轲刺杀秦王引起的，于是杀太子丹以求和。但秦军并没有因此而停止进攻燕军。秦军把燕军残部追击到辽东后，就把兵力转用于对楚作战。公元前 222 年，王贲奉命消灭燕国在辽东的残余势力，俘获燕王喜。燕国彻底灭亡。

在秦军攻打韩、赵、魏、楚、燕期间，齐国一直置身事外。齐国坐视各国灭亡，以此来讨好秦国。由于长期处于和平环境，加上秦国多年的重金贿赂，齐国不注重发展军事，朝野上下毫无斗志。公元前 221 年，秦军从燕国南部对齐国北部突然发起进攻，直逼齐国都城临

▲清·吴历《人物故事图》册之《易水送别》。荆轲前往秦国刺杀秦王，燕太子丹和众人到易水边送别荆轲，荆轲的好友高渐离击筑，荆轲和声唱道："风萧萧兮易水寒，壮士一去兮不复还。"

▲秦始皇像 清·无名氏《历代帝王圣贤名臣大儒遗像》

淄。齐国毫无作战准备，齐王不战而降，最后饿死。齐国灭亡。

至此，嬴政并吞了六国，建立了中国历史上第一个统一的中央集权国家。

秦统一六国后，嬴政开始实行一系列巩固统治、加强中央集权的措施。他规定最高统治者称皇帝，自己是始皇帝，国家一切大事都由皇帝一人裁决。在中央，主要官吏由皇帝任免，设丞相、太尉和御史大夫，分别掌管政事、军事和监察。在这三人之下，又设置掌管具体政务的诸卿，比如掌管刑辟的廷尉。

秦始皇废除分封制，采取郡县制。郡设郡守、郡尉、郡监；县设县令、县丞、县尉。县以下有乡，乡以下还有亭、里。郡、县是中央所辖的地方行政单位，郡、县长官完全听命于中央和皇帝。秦始皇把全国分成三十六个郡，后面又陆续增加到四十多个。

▲秦始皇诏量

除了郡县制和三公制之外，秦朝在户籍中增加成员年龄和土地占有情况，便于征兵和征税。此外，秦始皇还以原来秦国的制度为基础，制定全国政治、经济、文化方面的制度。他统一文字为小篆，废止各国形制不同的货币改为统一规格的金币和铜钱，并颁布度量衡的标准器，统一法律制度等。

在建立一系列制度和采取有力举措后，秦朝的专制主义中央集权得到空前巩固。

荆轲刺秦王

秦国灭赵后，兵锋直指燕国南界，太子丹决定派荆轲入秦行刺秦王。公元前227年，荆轲带燕督亢地图和樊於期首级，前往秦国刺杀秦王嬴政。秦王在咸阳宫召见了他。荆轲在献燕督亢地图时，图穷匕见，但最终行刺失败，被秦王侍卫所杀。

书同文，车同轨

出自《史记·秦始皇本纪》。在秦始皇统一六国之前，列国的文字很不统一。就是一样的文字，也有好几种写法。秦统一六国后，秦始皇下令将文字统一为后世所称的小篆。各地的马车大小当时也不一样，车道也有宽有窄。因此秦始皇规定将车辆上两个轮子的距离一律改为六尺，使车轮的距离相同。

楚汉之争

秦始皇为加强统治，对内实行严酷刑法，对外长期用兵，老百姓苦不堪言，而筑长城、兴建宫殿和陵墓又进一步加重了人民徭役和赋税的负担。

公元前210年，秦始皇开始了他的第五次全国巡游，但是行进到沙丘行宫的时候突发重疾，病死了。秦始皇死后，赵高扶持秦始皇的小儿子胡亥当了皇帝。胡亥上台之后，重用赵高，赵高和秦二世为排除异己滥杀无辜，又大量征召百姓修建宫殿、陵墓等，民间怨声载道。终于，一场惊天动地的农民起义爆发了。

公元前209年，陈胜、吴广等九百余名前往渔阳的戍卒，在经过大泽乡的时候因为大雨耽搁行程，不能如期到达目的地。按照秦朝律法，不能如期到达都要被处死。在这种情况下，戍卒中的两个屯长陈胜和吴广商量，既然逃亡和起来造反都是死路一条，那么何不拼死干出一番事业来呢？于是他们杀死押解戍卒的军官，发动兵变。起义军连克大泽乡和蕲县，并在陈县建立张楚政权，各地纷纷响应。

陈胜派周文带领军队向西攻打秦地，打到函谷关附近时，已经有一千辆战车，数十万士卒。秦二世赦免骊山刑徒和奴隶，由他们组成抵抗周文的军队，由章邯指挥。秦军经过几次作战打败了周文的部队。

▲清·袁江《阿房宫图》。阿房宫被誉为"天下第一宫"，与万里长城、秦始皇陵、秦直道并称为"秦始皇的四大工程"

▲刘邦斩蛇雕像

章邯接着又击败了几支起义军。起义军节节败退，吴广和陈胜先后被部将杀害。

在陈胜、吴广起义后，六国的旧贵族纷纷复国，最早领导楚国遗民起兵反秦的是项梁和项羽叔侄。项梁战死后，反秦的两股最重要的力量，一个是项羽，一个是刘邦。在项羽牵制秦军主力的同时，刘邦带兵西进关中攻破武关。当时的秦王为子婴，刘邦带兵打到咸阳城下时，即位仅四十多天的秦王子婴向刘邦投降。公元前206年，秦王朝正式灭亡。

在灭掉秦的过程中，项羽自认为功劳最大，但"先入关中"的头功却被刘邦抢走，项羽非常生气，于是准备率四十万大军消灭刘邦的军队。刘邦的军队不足十万，只好示弱退到灞上。刘邦拉拢项羽的叔父项伯来调解双方矛盾，并亲自赴鸿门谢罪，表示归顺。项羽放弃了杀刘邦，放走刘邦。此后，项羽自封为"西楚霸王"，并分封各地势力为诸侯王。其中，刘邦被封到巴蜀、汉中一带为汉王。

韩信最初是项羽阵营的一名低级军官，曾多次给项羽献计。但项羽既没有采纳韩信的意见，也没有重用他。于是韩信投奔刘邦，但一开始他也没有得到刘邦的重用，只是做了个管理仓库的小官。有一次韩信犯法当斩，同案的其他人已被处斩，轮到处斩韩信时，韩信望着旁边的夏侯婴说："汉王难道不想取得天下了吗，为什么要斩杀壮士？"夏侯婴觉得韩信话语不凡，又看他相貌威武，就做主放了他，并推荐他做了治粟都尉。但韩信还是没有得到刘邦重视。刘邦被项羽封为汉王之后，不少将领觉得没有什么前途了，偷偷逃走。韩信感觉自己虽

清·方薰《萧何追韩信图》

▲西汉壁画《鸿门宴图》（局部）

▲西汉壁画《鸿门宴图》（局部）

然被丞相萧何推荐给刘邦，仍没有得到重用，也逃走了。萧何听说韩信逃走，来不及向刘邦报告便去追赶韩信。萧何劝说韩信："要是汉王再不听劝告仍不重用你，那我们一起走，可好？"韩信只好跟着萧何回去。刘邦这次终于听从了萧何的意见，拜韩信为大将军。

各地势力和刘邦一样，都不太满意项羽的分封方案。不久后，韩国、齐国、赵国纷纷起来反抗项羽。公元前206年，趁项羽攻打其他势力之时，刘邦攻取原秦国的"三秦之地"，并派韩信单独带领一支军队去齐国找反抗势力，以牵制项羽的主力。

等项羽反应过来时，刘邦已经成为反抗项羽的重要力量。项羽率军在彭城与刘邦展开了激烈的战斗。刘邦接连吃了几个败仗，父亲还被项羽抓了起来。面对项羽的攻击，刘邦退守到广武城内，凭借源源不断的粮食补给得以长期坚守。

项羽久攻不下，便把刘邦的父亲绑在阵前。楚兵大声向刘邦喊话："刘邦赶快投降，不然就把你父亲杀了煮成肉羹。"刘邦硬着头皮回话道："我和霸王您结拜过兄弟，我的父亲就是你的父亲。你要是把你的父亲煮成肉羹，请分一杯让我尝尝味道。"这时项羽的叔叔项伯说道："刘邦这样不顾父亲死活，你杀了他的父亲，对我们也没什么好处，反而给人多一个话柄。"项羽本就自诩为英雄豪杰，也不愿杀个毫无抵抗力的老头子来出气。

就在刘邦和项羽对峙的时候，韩信率领的军队攻占了齐国。项羽派去增援齐国的二十万楚军也被汉军消灭。韩信打下齐国后，也想当齐王，就写信给刘邦说："齐人反复无常，而且靠近楚地，为了防止发生叛乱，请您封我做个代理齐王吧。"刘邦看了信非常生气，但一想这个时候不能得罪韩信，就对着送信的使者说："男子汉大丈夫，都能够平定诸侯了，要做就做真正的王，还做什么代理的王呢。"于是派人封韩信为齐王。

项羽派人以"三分天下"作为回报，来劝韩信发兵帮助楚军攻打刘邦。但韩信手下的部将都是刘邦的亲信，所以韩信断然拒绝，并继续攻下了楚国的很多城邑。同时，刘邦派人侵扰、切断楚军的粮道。项羽被迫在鸿沟接受议和。楚、汉双方订立和约，以鸿沟为界"中分天下"。鸿沟以东归楚、以西属汉。双方休兵罢战，项羽放还刘邦家人。这也是中国象棋上"楚河汉界"的由来。

不久，刘邦撕毁合约，率领大军追击项羽。但由于韩信等人没有及时赶来增援，刘邦反而在固陵被项羽打败。幸好，刘邦的部将陆续前来会合，连续在陈下等地大胜项羽。项羽手下的军队越打越少，一些摇摆不定的将领都前来投靠刘邦。韩信也在此时南下围攻项羽。

项羽带着十万楚军逃到垓下，被汉军包围。汉军久攻不下，项羽的军队也无法突围。半夜里楚军将士们突然听到汉军军营里传来楚国歌曲，以为汉军占领了西楚并俘虏了大量的楚人。于是楚军军心大乱，逃离的将领和士兵越来越多。

一天夜里，项羽带着八百余骑兵突出重围，准备渡过淮河回到江东。逃至阴陵时，他们迷了路。一个种田的人故意指错方向，让他们陷于沼泽，致使他们被汉军追上。等项羽冲出包围，继续逃到东城时，身边只剩下二十八人。项羽带人逃到乌江边，乌江亭长力劝项羽坐他

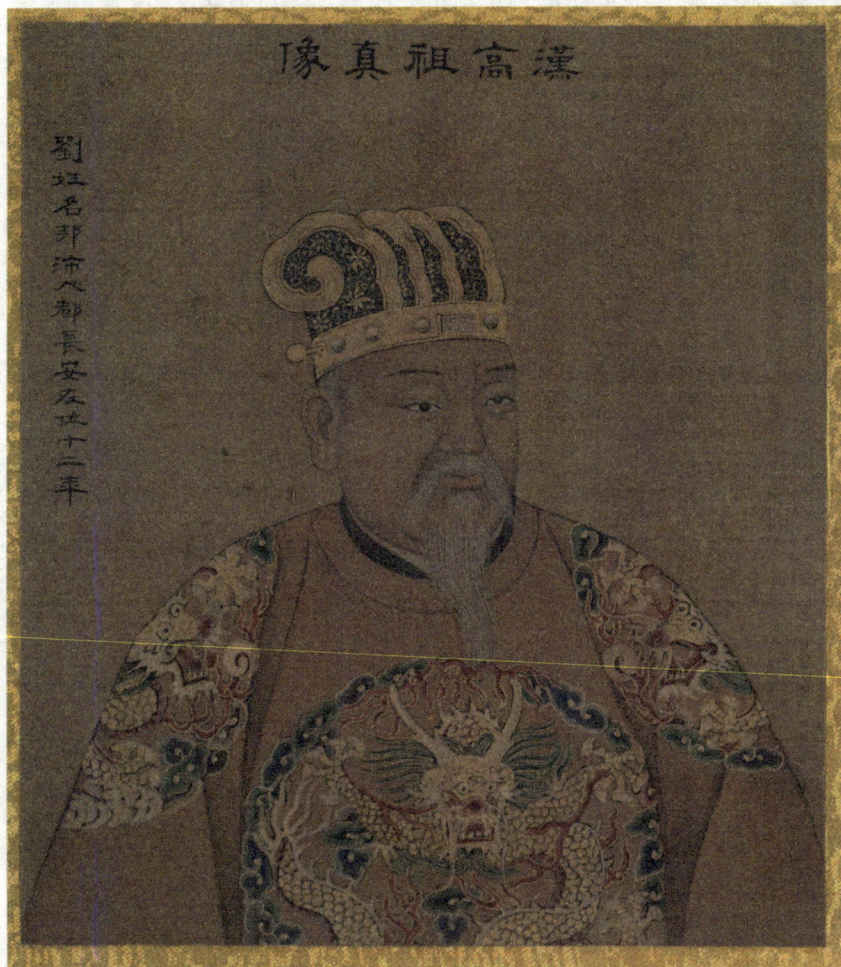

漢高祖真像

刘邦名邦沛人都長安在位十二年

▲汉高祖刘邦像 清·姚文瀚《历代帝王真像》

提前准备好的船过江，以图东山再起。

项羽说："这是老天要亡我啊，过了江又能怎么样？当初跟随我渡江而来的八千江东子弟，现在一个没有了。就算江东的父老兄弟同情我，立我为王，我还有什么脸面呢？"项羽不肯渡江，把战马送给乌江亭长后，冲入敌阵，一路斩杀汉军，随后自刎而死。至此，秦末以来的内战基本结束。

楚汉之争从公元前 206 年持续到公元前 202 年，以西楚霸王项羽失败、刘邦一统天下结束。刘邦于公元前 202 年正式称帝，以汉为国号，建立了汉王朝，史称汉高祖。

巨鹿之战

这是秦末大起义中，项羽率领数万楚军同秦军主力在巨鹿进行的一场重大决战性战役，也是中国历史上著名的以少胜多的战役之一。在各诸侯义军畏缩不进时，项羽破釜沉舟带动诸侯义军一起最终全歼王离军，并于八个月后迫使另二十万章邯率领的秦军投降。从此项羽确立了在各路义军中的领导地位。经此一战，加之刘邦西路大军攻破武关、蓝田，秦朝主力尽丧，名存实亡。

胯下之辱

韩信年少的时候家境贫寒，但喜欢带着长剑出门。有一天，一个屠夫当众羞辱韩信说："你喜欢带剑只是内心懦弱的表现。有本事，你就用剑刺死我，否则就从我裤裆下钻过去。"韩信看了他一会儿，趴下身子就从对方胯下钻过去了。周围的人都笑他胆子小。多年之后，韩信成为西汉的大将军回到家乡，并没有报复当年的屠夫，反而给他封了官。

四面楚歌

出自《史记·项羽本纪》："项王军壁垓下，兵少食尽，汉军及诸侯兵围之数重。夜闻汉军四面皆楚歌，项王乃大惊，曰：'汉皆已得楚乎？是何楚人之多也！'"现在借以比喻四面受敌、孤立无援的窘迫境地。

七国之乱

汉朝建立后，实行郡、国并行制，刘邦分封了韩信等有功的人为异姓王，想以此加强他们对自己的忠心。诸侯国疆域广大，人口众多，经济发达，拥有强大的武装力量，政治地位远远高于郡。汉初时诸侯王占地相当于西汉疆域一半。诸侯王在封国内独揽大权，甚至还自行征收赋税、铸造钱币。刘邦分封的这些诸侯王中，最有名望的是楚王韩信、梁王彭越等。这些拥兵自重的异姓诸侯王始终是刘邦的心头大患。

刘邦一面找机会消灭和取消异姓诸侯王，一面又陆续分封了九个刘氏宗室子弟为诸侯王，并与群臣共同立下"非刘姓不王"的誓约。

刘邦死后，吕后违背誓约，立诸吕为王，这引起了刘氏一族的强烈不满。公元前180年吕后死后，刘姓诸侯王帮助太尉周勃、丞相陈平等消灭了诸吕势力。汉文帝刘恒作为刘邦的第四子被大臣们扶上皇位。但诸侯王很难心服，因而一再发动叛乱。济北王刘兴居平定吕氏有功，但没有得到大的封地作为奖赏，一直不满。公元前177年，他乘汉文帝亲自征讨匈奴的机会发兵叛乱，兵败后自杀。汉文帝为巩固统治，也封自己的皇子为王，以此来牵制与自己血缘比较疏远的其他诸侯王。

▲西汉·汉并天下瓦当

汉文帝时，鉴于淮南王、济北王的谋逆，贾谊曾提出通过多分封诸侯王的子弟来削弱他们势力的建议。就是让诸侯王再各分为若干国，使诸侯王的子孙依次分享封土，直到分完为止。那些封土广而子孙少的人，可等诸侯王的子孙生多了之后再分封。汉文帝在一定程度上接受了这一建议，但诸侯王威胁中央的问题没有完全得到解决。

终于，一个偶然事件埋下"七国之乱"的导火索。汉文帝的皇太子刘启和吴王太子刘贤一起玩博戏时发生争执，刘启拿起棋盘砸向吴王太子刘贤，将其误杀。吴王刘濞（bì）心生怨恨，从此不再遵守诸侯

▲汉文帝像 清·无名氏《历代帝王圣贤名臣大儒遗像》

汉景帝

讳启文帝太子初即位袭收民田半租三十一而
税减笞法禁雕文刻镂伤农事者锦绣纂组害女
工者农事伤则饥之本女工害则寒之原岁或不登
民食颇寡其咎安在或诈伪为吏以货赂为市渔
夺百姓侵牟万民其令二千石各修其职不事官职
耗乱者丞相以闻请其罪在位十六年寿四十八岁

葬阳陵

▲汉景帝像 清·无名氏《历代帝王圣贤名臣大儒遗像》

对天子的礼节，称病不朝。后朝廷拘押了吴国使者，吴王惶恐不安，开始起了反叛之心。

汉景帝刘启即位后，中央和诸侯王的矛盾日益激化。御史大夫晁错上《削藩策》，请求削减诸侯王封地。汉景帝也希望削去诸侯王的封地，但又担心他们会造反。晁错认为："如果现在削去他们一点土地就造反，那么不动他们的土地，到时候也会造反。现在不削地，将来造起反来祸患会更大。"于是，晁错找准诸侯王违法、违礼的机会，先后建议汉景帝削去楚王刘戊、赵王刘遂、胶西王刘卬的部分封地，并打算接下来削夺吴王刘濞的封地。

吴王刘濞本就有反意，得知情况后，就与胶西王刘卬约定一起造反。他还派人前往楚、赵等诸国，约他们一起起兵。于是，吴王刘濞联合楚王刘戊、赵王刘遂、济南王刘辟光、菑川王刘贤、胶西王刘卬、胶东王刘雄渠等诸侯王，以"请诛晁错，以清君侧"的名义公开造反，史称"七国之乱"。

七国叛乱后，汉景帝忙和晁错商量出兵事宜。晁错建议汉景帝御驾亲征，自己留守京城。曾当过吴国丞相的袁盎向汉景帝献策说："吴、楚发兵只是为了晁错一个人，只要杀了他并恢复诸侯王原来的土地，那些起兵的诸侯王一定会向皇帝请罪并撤兵回去。"袁盎献策十多天后，丞相陶青、中尉陈嘉、廷尉张欧联名上书，弹劾晁错，汉景帝批准将晁错满门抄斩。

晁错死后，七国联军并未因此撤兵。他们反而认为汉景帝软弱无能。七国联军东进到梁国时，遭到汉景帝的弟弟梁孝王刘武的顽强抵抗。汉景帝让周亚夫领兵救援梁王，周亚夫却派军队向东行军驻扎。梁国城池防守严密，七国联军久攻不下，转而奔向周亚夫的军队。周亚夫坚守壁垒，派人断绝了叛军的粮道。七国联军夹在两支部队中间十分被动，退守东越。后吴王被刺死，其他诸王也纷纷战败被杀。七国之中，除楚国外，其他都被废除。由于在平定七国之乱中立下首功，梁孝王在七国之乱后实力更加壮大，直接威胁汉朝的统治。

叛乱平息后，同姓诸侯王的势力受到很大打击。汉景帝趁势收夺各诸侯国的支郡、边郡归朝廷所有。他还进一步采取措施，削弱诸侯王的权力以加强中央集权。汉景帝继续推行贾谊"众建诸侯而少其力"的举措，先后分封了十三个皇子为诸侯王。对于诸侯国，取消了诸侯王任免封国内官吏和征收赋税的权力，而是改由皇帝派去官吏；改诸侯国丞相为相，裁去御史大夫等大部分官吏；诸侯王无权过问封国的政事，只能按朝廷规定的数额收取该国的租税作为俸禄。

诸侯国虽仍然存在，但诸侯王的力量大大被削弱，已经不再具有同中央对抗的条件。七国之乱的平定，沉重地打击了分裂割据势力，标志着诸侯王势力威胁已经基本被清除。但此后，一些大国仍拥有上千里的土地，数十座城池，并且时常违抗中央政令。直到汉武帝颁布"推恩令"后，诸侯王对中央政府的威胁才真正解除。

公元前127年，一个叫主父偃的人给汉武帝上书，建议让诸侯王分封各自子弟为列侯，把疆土分成更多小块。这样名义上是把皇帝分封诸侯王的恩情推及各自子弟，让非嫡长子也能有自己的封地，实际上是削弱诸侯王的势力。"推恩令"下达后，诸侯王除了长子继承王位

▶ 徐操《袁盎却坐图》。画中皇帝是汉文帝，弯腰鞠躬、双手持笏向皇帝说话的便是袁盎

外，其他的儿子可以受封为列侯，不少诸侯国也先后分为若干侯国。按照汉朝的制度，侯国隶属于郡，地位与县差不多。这一建议既符合汉武帝巩固专制主义中央集权的需要，又避免了激起诸侯王的武装反抗。这样，直接导致了王国的缩小和朝廷直辖郡县土地的扩大。至此，从分封到郡县的制度才真正确立，诸侯王在封地上建立"独立王国"对抗中央的基础已经消失。

金屋藏娇

汉景帝时，馆陶公主刘嫖想把女儿陈阿娇嫁给太子刘荣，但刘荣的母亲不同意。刘彻的母亲王夫人趁机奉承馆陶公主。馆陶公主后抱着4岁的刘彻问："你要找谁做妻子？"刘彻说："如果能得阿娇做妻子，我就造一个金屋子给她住。"馆陶公主听后大为高兴，从此不断向景帝说刘彻的好话。这场"政治联谊"一定程度上帮助刘彻登上了皇位。

罢黜百家，独尊儒术

春秋战国时期，各种不同的思想在民间兴起。由于天下分裂，各国君主为富国强兵，也纷纷支持不同流派的思想家著书立说。除了孔、墨之外，还有道、法、阴阳等诸子百家，甚至一家之内还分不同宗派。

秦始皇建立统一集权国家后，通过统一文字、焚书坑儒等方式加强了对思想文化的控制。公元前213年，秦始皇在咸阳宫大宴群臣，一个叫淳于越的大臣指出，封建制不能废除，应该遵循周朝的分封制。当时的丞相李斯不同意他的观点，认为他的这些言论是因为读书的关系。于是李斯便建议秦始皇将《诗》《书》以及诸子百家的著作都烧毁，只保留一些医书、占卜书等。后来，秦始皇听闻一些方士、儒生等在背后议论他，于是下令逮捕这些方士和儒生们，并将他们活埋。这便是历史上有名的"焚书坑儒"，这一事件也在一定程度上加速了秦朝的灭亡。

汉朝建立后，起初，统治者在政治上主张无为而治，经济上实行轻徭薄赋。

汉景帝和汉文帝时期，出现了由无为到有为、由道家到儒家的转变。汉文帝时，那些因秦始皇要求"焚书"而藏起来的书，纷纷被发现，其中便有原秦博士（官职名）伏生藏于墙壁中的《尚书》。这时，

▲明·杜堇《伏生授经图》。该图描绘的是汉文帝派使者晁错向儒者伏生求来《尚书》，如今流传的《尚书》便出自伏生

设有专门研究诸子学问的博士，其中儒家的最多。儒家的《书》《诗》《春秋》以及《论语》《孝经》《孟子》《尔雅》都设有博士，其中《诗》博士有齐、鲁、韩三家，《春秋》博士有胡毋生、董仲舒二家。

公元前 140 年，丞相卫绾对汉武帝说，现在推荐的官员，都喜欢法家的思想，不利于统一思想。于是汉武帝让各地官员推荐懂得儒家思想的人，并将他们选送到朝廷。汉武帝叫这些人各写一篇文章，其中董仲舒的文章汉武帝最喜欢。董仲舒又写了两篇。三篇文章的主要思想是：圣明的君主治理国家不是靠刑法，而是靠文教。天下已经平定，就要好好教化人民，并且要有一套统一的理论，不能再像过去那样搞诸子百家，各说各的理。董仲舒主张只保留儒家思想，认为凡是不在六艺之科、孔子之术的各家学说，都要从博士官学中排除出去。这样思想就会一致，法度就会明确，老百姓也知道应该遵守什么。同时，董仲舒向汉武帝提出"三纲五常"的思想，"三纲"是君为臣纲、父为子纲、夫为妻纲；"五常"是仁义礼智信。董仲舒认为，用这种天人伦理标准来约束百姓的思想，对统治者加强中央集权十分有利。

这些注重思想统一的言论，刚好符合汉武帝强化中央集权和国家统一的心思。汉武帝又采纳丞相卫绾之建议，对学习申不害、商鞅、韩非、苏秦、张仪等思想的人不予以重用。公元前 135 年，主张黄老思想的窦太后去世后，儒家势力进一步崛起。不学习儒家《五经》的太常博士一律遭到罢黜。汉武帝提拔儒生公孙弘为丞相，招揽儒生数百人。汉武帝还批准为儒学博士官设置五十个学生的名额，根据成绩高下担任郎中、文学掌故。官员中有通晓儒家六艺的，被优先选拔担

▲董仲舒像 清·无名氏《历代帝王圣贤名臣大儒遗像》

任重要职务。

"罢黜百家，独尊儒术"确立了儒家思想的正统与主导地位，使得专制"大一统"的思想作为一种主流意识形态成为定型。"大一统"的思想增强了民族的凝聚力，也推动和加强了专制集权。此后，以儒家理想构建的道德伦理和生活方式成为社会稳定的基石。

年号

汉武帝刘彻是中国历史上第一个使用"年号"的皇帝。在汉武帝之前，中国的皇帝是用年数来命名年份的。汉武帝时期，才开始用年号来纪年。历史上第一个年号为"建元"。

出使西域

西域是汉朝对中原以西广大地区的称呼。汉朝曾经在这里设立西域都护府，主要包括今天的新疆和中亚一些地区。西域以天山为界分为南北两个部分，南边有楼兰、于阗（tián）、莎车等国，北边有姑师、尉犁、焉耆（yān qí）、龟兹（qiū cí）、疏勒等国。这些国家都比较小，在汉朝初年大概有三十六个国家，最大的龟兹也就八万人左右。此外，葱岭以西，还有大宛、乌孙、大月氏（zhī）、康居、大夏等国。

汉朝初期，不但中原受到匈奴侵扰，西域也被匈奴势力控制和盘剥。汉朝经过多年的轻徭薄赋和休养生息，到汉武帝时期，中央集权进一步加强，社会经济得到恢复和发展，国力已比较强盛。在这种背景下，汉朝准备联合西域各国反击匈奴的侵扰。

汉武帝从投降的匈奴人口中得知，在敦煌、祁连一带有一个国家叫大月氏。它在攻占邻国乌孙土地时，与匈奴发生冲突。之后，大月氏被匈奴冒顿单于击败。再后来，匈奴彻底征服大月氏，并杀掉大月氏的国王。大月氏人经过这次国难后，被迫西迁至今天新疆伊犁一带重建国家。但他们不忘故土，时刻准备向匈奴复仇，并希望有人帮助他们一起抗击匈奴。汉武帝在了解这一情况后，就派人出使西域，准备联合大月氏，共同攻击匈奴。

公元前 138 年，汉武帝派张骞率领一百多人出使西域。当张骞一行人来到河西走廊时，不幸遇到匈奴的骑兵，全部被抓。匈奴人将张骞等人押送到匈奴王庭，见到当时的军臣单于。军臣单于得知张骞欲出使大月氏后，就把张骞等人扣留软禁起来。匈奴一直想拉拢张骞，打消其出使大月氏的念头。他们不仅对张骞进行了种种威逼利诱，还给他娶了个匈奴的妻子，生了孩子。但张骞在被扣留的十年中，始终没有忘记自己出使西域的使命。

公元前 129 年，匈奴对张骞的监视渐渐松懈。张骞乘人不备，带领随从逃走。在匈奴的十年间，张骞等人学会了匈奴人的语言，了解了通往西域的道路，他们穿上匈奴人的衣服，比较顺利地穿过了匈奴人直接控制的区域。这时候，大月氏人已经继续向西迁移到咸海附近。张骞带领随从穿过热浪滚滚的大漠戈壁，爬过冰雪皑皑的葱岭，克服缺水少食的困难，到达了大宛（yuān）国并说明来意。大宛国国王早就听说汉朝非常富庶，很想和汉朝通使往来。只是之前被匈奴的势力隔断，难以实现。张骞的到来，让他觉得意外和高兴。于是他派了向导和翻译，将张骞等人送到康居，又通过康居到了大夏，最后到达大月氏。

此时的大月氏已经远离匈奴的欺压，定居在土地肥沃、物产丰富的阿姆河附近，生产方式逐渐从游牧改为农耕。他们已经没有向匈奴复仇的想法了。而且大月氏离汉朝实在太远，双方联合攻击匈奴实在太难了。张骞等人在大月氏待了一年多，始终没有说服月氏人与汉朝联合夹击匈奴，只好返回。在回来的路上，他们再次被匈奴骑兵俘虏，

▲敦煌壁画《张骞通西域》（局部）

又被扣留了一年多。

公元前 126 年，张骞趁匈奴内乱，带着自己的匈奴妻子和仅有的一名随从，逃回汉朝长安。

张骞出使西域一共经历了十三年。虽然没有达到联合大月氏的目的，但对西域的地理、物产、风俗习惯有了比较详细的了解，为汉朝开辟通往中亚的交通通道提供了宝贵的资料。张骞回到汉朝后，被汉武帝封为"博望侯"。

公元前 119 年，汉朝已控制了河西走廊，并与匈奴展开最大规模

▲ 清·郎世宁《十骏图之大宛骝图》

的漠北之战。张骞再次奉命出使西域。张骞率领三百人，每人备两匹马，带着上万头牛羊和很多金帛货物。他先劝说乌孙国国王向东迁徙，没有成功。他又分遣副使持节到了大宛、康居、月氏、大夏等国。

公元前 115 年，张骞返回汉地。乌孙国派了几十名使者一起到了长安。此后，汉朝还派出使者到达安息、身毒、奄蔡、条支等地。西域各国的使者也不断来长安访问和贸易，汉朝与西域的交通和贸易线建立了起来。

公元前 60 年，匈奴内部分裂，匈奴对西域的控制瓦解。汉宣帝任命郑吉为西域都护，驻守在乌垒城。这是我国最早在西域地区设立的正式行政机构。汉朝在那里设置常驻的官员，派士兵屯田，并设校尉统领。这些举措，使得汉族与西域各族人民的交往更加密切。

张骞出使西域本意只是为抗击匈奴，却大大加强了汉朝与中亚国家各方面的交流。西域的核桃、葡萄、石榴、蚕豆、苜蓿等十几种植物传入中原栽培，胡琴等乐器被汉族人民接受，汉朝的蚕丝和冶铁术也传到了安息等中亚地区。汉军屯田、穿井的技术也在西域流行起来。后人沿着张骞的足迹，开辟了横贯亚欧大陆东西的"丝绸之路"。

北击匈奴

匈奴是聚居于中国北方大漠南北的游牧民族。匈奴人平时游牧狩猎，战时从事攻伐，其骑兵快速、轻捷，善于突袭。对于匈奴的起源，有各种不同的说法。他们和中原民族的区别，更多是在于游牧和农耕这两种生产方式不同。匈奴等游牧民族给中原地区带来的边患，自商周以来就十分严峻。到春秋战国时期，中原的农耕政权和北方游牧民族之间的冲突更加剧烈。关于游牧民族南下侵扰的记载有很多，而中原各国向游牧民族学习、抗击游牧民族并向北扩张国土的记载也屡见史籍。

秦朝统一中原后，面对匈奴的威胁，采取更加主动的军事战略，秦始皇派大将蒙恬北击匈奴，重创匈奴大军，夺取了河套平原，使得匈奴向北逃遁。同时，征用民夫把原来秦、赵、燕之地用长城连接起来，并修建直通边境的道路。秦朝的这些军事措施保证了对北方占领地区的控制，使匈奴退往大漠以北，势力一度得到遏制。

在中原地区完成统一的同时，冒顿单于在北方也统一了匈奴各部并征服北方其他民族。冒顿年轻时不受他的父亲头曼单于喜欢，但有一次他从父亲那里得到一万骑兵，便制作了响箭来训练约束这些骑兵。他对士兵们说："我响箭所射的东西，如果有人不跟随着尽力去射，我就杀了他。"冒顿率人出去打猎，不跟着射杀目标的人会被立即杀掉。

不久，冒顿用响箭射向自己的马，有的士兵不敢跟着射，冒顿立即杀了他们。又过了些日子，冒顿又用响箭射向自己的妻子，有的士兵非常害怕，不敢射箭，冒顿又把这些人杀了。不久，冒顿带人出去打猎，用响箭射向自己父亲的马，身边的士兵都跟着射箭。于是冒顿知道身边的士兵已经可为己所用了。在跟随父亲外出打猎时，他用响箭射向其父亲，他身边的士兵便都跟着射杀了老单于。之后冒顿自立为单于，并带领强大的匈奴骑射部队经常袭掠汉朝北部的边郡。

而经过秦汉长期战乱后，中原地区人口锐减，百姓贫困、国库空虚、军力衰弱，加上政权的不稳固，面对匈奴的南侵，汉朝往往无力招架，处于下风。

公元前201年，冒顿单于亲率十万铁骑围攻马邑的韩王信。由于力量相差悬殊，韩王信只得派使者向匈奴求和。刘邦怀疑韩王信暗通匈奴，致书责备韩王信。韩王信担心会被刘邦诛杀，以马邑之地向匈奴请降，并与匈奴约定共同攻汉。公元前200年，刘邦亲率大军出征匈奴，同时镇压韩王信的叛乱。汉军初期接连取得胜利，使韩王信军队遭受很大损失，并击败了前来阻挡汉军北进的匈奴。

汉军取胜后，刘邦派人到代谷侦察匈奴军队虚实。冒顿单于将其精锐士兵、肥壮牛马等隐藏起来，只显露出年老弱小的士兵和瘦弱的牲畜。刘邦派去的十余批斥候回来都说匈奴可以攻击。虽然有部将认为这是匈奴诱敌深入的诡计，但刘邦已经被前期的胜利冲昏头脑。还没有等汉朝大军全部赶到，他就率先头的轻骑到达平城。冒顿单于马上指挥40万匈奴大军，将刘邦的兵马围困在白登山。汉军内无粮草、外无援兵，多次组织突围，经过几次激烈战斗，突围没有成功，双方损失惨重。

汉军被围了七天后，饥寒交迫，十分危急。陈平向刘邦献计，派遣使臣，乘着浓雾下山向冒顿单于的妻子献上金银珠宝。单于的妻子劝冒顿单于说："我们连续七天都没有将汉军攻下，而汉朝几十万大军很快就会赶来救援。大军一到，肯定会拼死来救被围困的皇帝。到时候我们想全身而退都难了。"冒顿单于考虑到韩王信的军队没有按时前来合围汉军，担心他同汉军有勾结，于是采纳了单于夫人的建议，打开包围圈的一角，让汉军撤出。之后，匈奴继续经常性地对汉朝边界进行侵扰劫掠。刘邦为了休养生息，以公主之名将宗女嫁给匈奴单于为妻，与匈奴缔结和亲之约。汉与匈奴结为兄弟之国，以长城为界。西汉赠送金、絮、缯（zēng，古代对丝织物的总称）、酒、米等物给匈奴。双方开放关市，准许民间贸易。

此后六十多年，西汉一直对匈奴采取和亲和防御战略，匈奴南下的次数减少，汉朝得以进一步巩固统一的局面。

经过几十年的休养生息，汉朝在经济和军事上的实力都得到增强。通过迁徙百姓和输送粮食到边疆地区、在边境大量养马、对边郡居民进行军事训练等举措，终于建设了一支能够和匈奴抗衡的骑兵部队。汉武帝执政后，放弃和亲和防御战略，对匈奴实施战略反击。

汉武帝针对匈奴的分布特点，采取了各个击破的方针，制定了行之有效的战略计划；同时大力建设骑兵部队，提高汉军在荒漠中行军作战的机动能力和攻击力；在用人上，既用经验丰富的老将，又敢于起用能征善战的年轻将领。公元前133年，汉朝派马邑人聂翁壹带着货物私自出关与匈奴人交易，假装要把马邑城出卖给匈奴，以此引诱军臣单于。军臣单于相信了他的话，并贪求得到马邑城里的财物，于是便率领十万骑兵进入武州塞口。汉朝在马邑城边埋伏了三十多万军队。军臣单于进入汉朝边塞后，离马邑城还有一百多里，看到牲畜遍布四野却无人放牧，感到很奇怪，便进攻一个哨所，并抓到一个汉军尉史。这个尉史将汉军的计策全部告诉军臣单于，匈奴得以逃脱。

此后，汉朝对匈奴发动了十余次大规模的反击作战，其中最关键的是河南之战、漠南之战、河西之战和漠北之战。

公元前127年，车骑将军卫青、将军李息率部从云中出发，沿黄河西进，对河南地区匈奴楼烦王、白羊王部实施远程迂回奔袭。汉军一举收复黄河以南土地，使匈奴失去水草肥美、对其生存和发展十分重要的河套地区，解除了匈奴对长安的威胁。汉朝在黄河以南设郡县，移民屯垦，修缮蒙恬所筑之秦长城，将黄河以南建成出击匈奴的重要基地。

此后，匈奴不断南下袭掠，企图夺回河南地区。公元前124年，为巩固河南地区和打击大漠以南的匈奴，汉武帝派十万骑兵发起漠南之战。其中卫青率三万骑奔袭六七百里，乘夜包围袭击了右贤王王庭，俘虏一万五千余人。汉军阻隔了匈奴中、西部的联系。第二年，大将军卫青率十万骑两次攻击匈奴单于主力，前后斩获一万九千人。此后，匈奴将主力转移至大漠以北，黄河以西的匈奴势单力孤。

公元前121年，汉朝向匈奴发起河西之战。骠骑将军霍去病率一万精骑兵奔袭一千余里，斩俘八千九百余。随后，霍去病率骑兵采取大纵深迂回行动，渡过黄河向北越贺兰山，歼灭浑邪王、休屠王部三万余人。这次战争后，汉朝解除了匈奴对西部边郡的威胁，打通了到西域的道路，彻底控制了河西走廊，并设置了武威、张掖、酒泉、敦煌四郡。汉朝派人修筑城塞，迁移老百姓驻守边疆。

公元前119年，为彻底消灭匈奴主力，汉武帝命卫青、霍去病各率五万骑兵攻击漠北的匈奴，当时随军转运辎重的步兵就有数十万。卫青率部北进一千多里，击败单于军。霍去病率部奔袭两千多公里，大破匈奴左贤王，追至狼居胥山，共歼敌七万多人，大胜而归。此战共歼灭匈奴九万余人，匈奴左右两王所部主力几乎被全歼。虽然汉军的损失也很大，但因为国力强大、准备充分、兵力优势明显，使得战争胜利的天平进一步向汉朝倾斜。此后，匈奴不敢再在大漠的北缘立足，只能向西北方向远逃。危害汉朝百余年的匈奴边患已初步得到解决。

公元前104年，赵破奴率领两万骑兵在接应匈奴左大都尉投降的途中，被匈奴军队围住全歼。公元前99年，李广利率三万骑出击在天山的右贤王，遭匈奴军包围，死伤很多，李陵被俘。此后，李广利又率骑兵六万、步兵七万出击匈奴。双方交战十几天，汉军未取胜就返回了。公元前90年，李广利与其他将领一起率领十万多军队击败匈奴左大都尉卫，接着又击败左贤王、左大将。汉军在撤退时，遭到匈奴袭击，损失惨重。此后，汉武帝认识到长期征战的负面作用，停止了对匈奴的大规模用兵，并下《轮台罪己诏》，对自己的过错表示忏悔。之后的昭、宣两位皇帝励精图治，大力发展生产，国力很快恢复。

公元前71年，汉朝派遣五位将军率十六万骑兵，乌孙也发五万骑

▲马踏匈奴拓片

▲明·仇英《明妃出塞图》。公元前33年，匈奴呼韩邪单于来长安朝觐汉天子，自请为婿。汉元帝将王昭君赐给了呼韩邪单于。呼韩邪单于附汉与昭君出塞，不但结束了匈奴多年的分裂和战乱，而且为中原王朝的大一统奠定了基础

兵，共击匈奴，取得胜利。公元前 60 年，因内部争斗激烈，部分匈奴势力向汉朝投降。公元前 53 年，匈奴分裂为南北二部，呼韩邪单于率南匈奴归附汉朝，郅支单于率北匈奴向西迁徙。公元前 36 年，汉朝西域副校尉陈汤征发西域各国的军队以及四万屯田兵，消灭了北匈奴的郅支单于。至此西汉与匈奴的百年大战结束。

　　汉朝与匈奴之间的长期战争，本质是农耕和游牧两种生产方式的冲突。随着生产力的提升和集权国家的建立，汉朝和匈奴之间对土地、人口展开了争夺。在这两种文明并存的过程中，有激烈的战争，有平和的和亲，也有双方民众日常的相互交流、学习和融合。

王莽改新

　　王莽是汉元帝孝元皇后王政君的侄子。西汉末年，汉元帝去世，王政君掌握朝廷实权，因此王莽的叔伯兄弟都当了大官。这些人傲慢无礼，蛮横专制，只有王莽谦和节俭，勤奋博学。王莽的伯父王凤是大将军，他患病后，王莽一直守在旁边悉心照料，几个月都衣不解带。王凤临死前，请求皇太后王政君和皇帝让王莽担任黄门郎。此后，王莽的才能和抱负得到施展，也得到当权者的认可。公元前16年，皇帝封王莽为新都侯。而王莽地位越是尊贵，待人越谦恭，朝廷高官和各地名士都对他推崇有加。

　　公元前8年，王莽升任大司马，成为朝廷重臣，这时候的他更加注重结交贤士。公元前7年，汉成帝去世，汉哀帝即位，王莽因多次得罪汉哀帝的祖母及母亲而被革职，因此，他变得更加谨慎小心。他的二儿子杀死家奴，王莽逼着儿子自杀，得到世人好评。不少官员和名士都为王莽鸣冤，希望朝廷能召他回去继续做官。

　　公元前1年，汉哀帝去世，汉平帝继位，太皇太后王政君任命王莽继续任大司马，朝廷大权也完全被王莽掌握。王莽一改谦恭谨慎之风，对顺从他的人就提拔，对忌恨他的人就诛杀。他授意朝中大臣请太皇太后封自己做安汉公，但对他进行封赏时他又故意装病不肯接受，直到朝廷把他比作周公，表彰他的功德是忠臣的榜样后，才装作很惶恐的样子，接受封赏。

王莽不断扩充自己的势力，官吏任免的权力逐渐被他掌握。他又将女儿嫁给皇帝做皇后，以巩固自己的权力。此后，王莽又授意官员和百姓上书要求加封自己为"宰衡"（《汉书·平帝纪》："夏，皇后见于高庙，加安汉公号曰'宰衡'"。），三公都要向王莽汇报。汉平帝生病后，王莽装模作样请求牺牲自己的生命代替皇帝。公元6年，汉平帝去世，选了才2岁的子婴继位。有一天，有人凿挖水井时得到一块白色的石头，上面写着"宣告安汉公王莽为皇帝"，意思是王莽应该当皇帝。此后，不断有人有类似的上奏。太后王政君下诏让王莽称"代皇帝"。东郡太守翟义立刘信为天子，并散发檄文，说王莽毒死平帝，占据帝位，各地有十多万人响应，但很快被王莽派人镇压。

公元8年，王莽接受刘婴的禅让，终于登上皇位，改国号为"新"。王莽政权建立后，推行了很多"新政"，希望以此来改变西汉末年的困境。

王莽根据井田制的机制，把全国所有的田地都改为"王田"，不能买卖，并按照人口划分土地。例如家里有8个成年男子的，可以获得900亩田，对于成年男子少于8人而土地多于900亩的家庭，要将多出部分分给宗族邻里中那些原来没有土地的家庭。将奴婢改称"私属"，也不准买卖。这种过于理想化的改革触及了大小地主的根本利益，遭到他们的强烈反对，连支持他改革的人也认为不切实际。三年后，王莽下令取消了王田制和私属制。

　　王莽新政中改制效果比较好的是对市场的管理和建立六种专卖制度。设立"五均"来管理交易市场，按工商各业的经营情况征税，评定出各种货物的标准价格，如果高于"市平"价格，政府将抛售库存货物来平抑物价。同时政府实行"六筦（guǎn）"制，垄断酒、盐、铁、铸钱、山泽之利和赊贷。在政府垄断的赊贷业务中，老百姓借钱用来祭祀或办理丧事的，不要利息；而进行营利的贷款每年缴纳不超过十分之一的利息。这些举措在一定程度上减轻了老百姓的负担，也能增加国家的收入，但在具体实施中，富户和官僚暗中勾结，从中牟利。

　　王莽妄自尊大，将匈奴单于与汉朝皇帝平等的关系降为皇帝与诸

▲ 王莽币

王的关系，将西域各国的王降为侯，还将匈奴改为"降奴""恭奴"，将"单于"改为"善于""服于"，将"高句丽"改为"下句丽"。这自然引起周边部落的强烈不满，匈奴开始侵扰边塞，边境吏民被掠杀者不计其数，西域各国也攻杀了西域都护。新朝与周边政权的关系日趋恶化，直至爆发连年战争。

王莽为讨伐匈奴和周边少数民族，征发几十万吏民，加重了老百姓的赋税、徭役负担，粮价飞涨，各地老百姓

▲王莽 国宝金匮直万

纷纷起来反抗。公元17年，琅琊地区的妇女吕母为被县宰冤杀的儿子报仇，拿出家财，置买酒和兵器，暗中收买贫穷青年，聚拢了100多人攻破县城，自称将军，势力迅速发展到数万人。起义军越来越多，迅速席卷全国，其中势力最大的是南方的绿（lù）林军和北方的赤眉军。

绿林军和赤眉军结成联盟，为了推翻王莽的新政权分别从南方和北方发动起义。一开始，王莽将主要兵力用于镇压北方的赤眉军，南方的绿林军趁机一路打到长江下游。王莽这才清醒过来，转过头开始攻打绿林军。

公元21年，京城附近也出现不少起义军，连长安城中也有起义军出没。公元23年，绿林军攻入长安，王莽被杀。

绿林好汉

新朝后期，南方一些地区发生饥荒，不少饥民走投无路，只好逃亡到山泽之中。其中，王匡等人占领"绿林山"作为根据地，攻占附近的村落，对抗朝廷。之后，起义军不断取得胜利，各地纷纷响应。南阳的刘縯、刘秀兄弟也起兵加入，最后，建立东汉王朝。后世把聚集山林反抗封建统治的人叫作"绿林好汉"。后来，那些聚众行劫的盗匪也自称"绿林好汉"。

光武中兴

王莽建立新朝后，推行了一些不切实际的改革，既触动了豪强的利益，也损害了老百姓的权利，加上自然灾害连连，民众流离失所。各地数十股起义军纷纷揭竿而起，其中最有名的是赤眉、绿林、铜马三支起义军，大批豪强地主也乘机加入其中，国家重新处于分裂状态。

汉室宗亲刘縯（yǎn）、刘秀兄弟在南阳招兵买马，加入当时实力最强的绿林军，并迅速成为绿林军中最重要的力量。绿林军决定推选一位汉室宗亲做皇帝，以重新建立汉朝，但害怕刘縯有威名不好控制，就拥立了性格懦弱的刘玄做皇帝，即更始帝。刘玄以恢复汉朝的名义称帝，让王莽感受到威胁。公元 23 年，王莽集结四十多万大军，将刘秀等人围困在昆阳城内。

刘秀在王莽军队将昆阳城完全围死之前，带领 13 人冲出城外，前往定陵、郾县等地搬救兵，最后调集近万援军。刘秀带领援军冲进敌阵，勇猛异常，打得王莽的军队节节败退。城里的守军看到平时斯斯文文的刘秀在关键时刻能够挺身而出，顿时士气高涨。他们将城门打开，内外夹击王莽的军队。一时，喊杀声震天动地。刘秀带领的士兵无不"以一当十"，王莽大军无力抵抗，纷纷四处逃散。最后，王莽的四十多万军队只剩下几千人。而刘秀的哥哥刘縯也带领另一支军队取得胜利，拿下军事重镇宛城。至此，王莽的统治基本土崩瓦解。

虽然刘縯、刘秀两兄弟取得了赫赫战功，但也引起皇帝刘玄的猜忌。刘玄找了个机会把刘縯杀掉了。刘秀得知哥哥被杀后，立即向刘玄请罪，并逐渐打消了刘玄对他的猜疑。

公元23年，王莽兵败被杀，新朝灭亡。刘玄任命刘秀代理大司马，前往黄河以北安抚郡县。刘秀虽然没有带走多少人马，但从此以后，他依靠地方豪强势力，开始独立发展。

不久，一个叫王郎的人自称是汉成帝刘骜的儿子，并在地方豪强的拥护下称帝，黄河以北的军民纷纷归附王郎。因为刘秀是刘玄任命的大司马，和王郎势不两立，所以王郎一心要除掉刘秀。刘秀只好带着少数人向北逃亡，一直逃到不愿归顺王郎的信都郡、和戎郡一带。刘秀依靠地方势力招抚农民军逐步站稳脚跟，决心与王郎一决雌雄。

几场仗下来，刘秀的军队越打越多，又得到上谷、渔阳等地的支持，已有数万人。另外，刘秀娶了真定王刘杨的外甥女郭圣通，从而得到刘杨的大力支持，实力进一步增强。不久，刘秀在邯郸城大胜王郎。在清查战利品时，刘秀发现了几千份手下官员向王郎表示效忠的奏章，他当着手下将领的面，把奏章全部烧光。知道刘秀不计前嫌，那些原来私下和王郎有联系的官员也都心安了，转而支持刘秀。忠于刘秀的人越来越多。

战胜王郎后，刘秀的实力大到让刘玄感到害怕。于是刘玄下令让刘秀返回长安接受封赏，同时黄河以北所有部队都复员，并派人接替刘秀任命的官员。刘秀以各地农民军还没有被平定为理由，拒绝返回

武皇帝刘秀

▲汉光武帝刘秀像 唐·阎立本《历代帝王图》

长安，并杀了前来监视的官员。刘秀先后战胜铜马、高湖、青犊等地的农民起义军，兼并了他们的兵马。刘秀手下的军队越来越多，达到几十万。

公元 25 年，刘秀在河北鄗（hào）城称帝，后定都洛阳，仍然使用"汉"的国号，史称东汉，刘秀被称为汉光武帝。

统一国家

刘秀称帝的同时，赤眉军拥立刘盆子做皇帝，改年号建世，开始进攻刘玄。刘玄大败，向赤眉军投降，后来被杀。之后赤眉军因粮草匮乏撤出长安，被陇右的隗嚣（wěi xiāo）打败。最终，刘秀派人在崤底重创赤眉军，并亲自率领大军将赤眉军阻击在宜阳一带，十几万赤眉军被迫投降。同时，刘秀在函谷关以东平定了割据睢（suī）阳的刘永和青州的张步，解除了对京师洛阳的威胁。

公元30年，刘秀要求本来归顺自己的隗嚣一起攻打割据巴蜀的公孙述，但隗嚣没有答应，而是割据陇右。隗嚣打败了刘秀派往陇右的兵马，并向长安方向进军，被刘秀的军队击败。此时，割据河西的窦融以及隗嚣大将马援都归附了刘秀，马援还带兵不断招降隗嚣的部属。隗嚣一面上书刘秀表示将继续归顺，另一面向公孙述称臣。公元32年，刘秀派人袭击隗嚣占领的略阳，隗嚣大军十几万人被迫投降。公元33年，隗嚣去世，第二年，隗嚣的儿子投降。

平陇之后，刘秀派军队从南、北两个方向，对益州的公孙述展开攻势。刘秀军打到江州，得知江州"城固粮多"，一时很难攻打下来，就留一部分军队继续围城，主力继续向西进攻成都，沿路各城都纷纷向汉军投降。刘秀的军队在成都城下吃了败仗，转而在城外歼灭公孙

▲清·陈书《历代帝王道统图册》之《汉光武锡封褒德》

述的有生力量。公孙述将金银财宝都拿出来发给士兵，因此士气大增，他趁此贸然出城攻击刘秀的军队，不幸重伤而死。他死后，他的部下投降刘秀。

至此，刘秀登基后用了12年的时间让国家重归统一。

自新末大乱到刘秀再次统一天下，历经近二十年的战乱，老百姓伤亡惨重。为了减少老百姓因为贫困卖身为奴的情况，刘秀经常开仓救济百姓，并减少徭役，兴修水利，发展农业生产。同时，刘秀让各郡县丈量土地，核实户口，作为纠正垦田、人口和赋税的根据，这有利于平均赋税徭役负担。他还连续下达了6道释放奴婢的命令，并禁止残害奴婢。为减轻老百姓的负担，刘秀裁并郡县，精简官员。

刘秀优待功臣贵戚，但解除了这些人的军政大权。鉴于西汉前期三公权重，东汉虽然也设置三公，但一切政令都由尚书台直接禀呈皇帝，由皇帝裁决。尚书台设尚书令一人、尚书仆射一人、分管各项事务的尚书六人。

刘秀不热衷开疆拓土，极少对外用兵。有人向他建议，趁匈奴分裂、北匈奴衰弱之际发兵进攻，可以成就"万世刻石之功"，但刘秀不为所动。他觉得治理国家首要任务是把老百姓安顿好，不能轻易对外发兵劳民伤财。因此，老百姓得以休养生息，国力日渐强盛。到他统治末期，全国人口达到二千多万，比战乱初定时增长了一倍多。

刘秀重视文化，兴建太学，设置博士。在他的倡导下，许多郡县都兴办学校，民间也出现很多私学。他还重视皇家藏书，藏书的规模和数量都超过了西汉。

汉光武帝图赞第七
后汉书建武十九年秋九月帝幸南阳进幸汝南南顿县舍置
酒会赐吏人复南顿田租一岁父老前叩头言愿赐复十年帝
命复增一岁
炎汉中叶赤伏膺符龙飞白水凤翔参墟超河跨岳登封验图
彼汝阳实辅南都真人来巡觌此旧里周知奇舍每怀桑梓租复
赐㸓置酒燕喜父老拜恩媚于天子

▲清·廖鸿章《历代帝王巡幸图卷》之《汉光武帝图赞第七》

在刘秀的统治下，东汉得到长足发展，人们把刘秀统治时期称为"光武复兴"或"光武中兴"。

马革裹尸

东汉初的名将马援英勇善战，被汉光武帝刘秀封为伏波将军。他认为自己和汉武帝时的伏波将军路博德相比，功劳要小，但封地要大，自己愧对国家的封赏。于是说："当前边患不断，我打算再向朝廷请战，当个先锋。好男儿最高的荣誉就是战死在对抗外敌的战场上，死后不用棺材殓尸，只用马的皮革裹着回来埋葬就可以了。"

戚宦之争

刘秀能够建立东汉王朝，主要是靠南阳、河北两地的豪族，那些豪族在投奔刘秀时都带着自己的宗族子弟和宾客，有的多达几千人。刘秀的两任皇后，一个是真定郭氏，一个是南阳阴氏，这两大势力都是刘秀军队最重要的班底。刘秀在对阵隗嚣时，割据河西自守的窦融、马援、梁统等人倒向他。为了拉拢这些河西大族，刘秀与他们缔结姻亲，巩固统治。为了巩固政权，刘秀选妃的对象也侧重于德才兼备的大家豪族女子。在帮助刘秀建国的势力里，豪族、外戚、士人是最重要的力量。

刘秀目睹王莽依靠外戚的身份和儒家假仁假义起家改朝换代，自然知道要压制外戚势力。刘秀规定后妃的外家不能封侯和掌握朝政。中央王朝的权力主要由皇帝、外朝政务系统和沟通二者关系的内朝构成。外朝大司马大将军和骠骑大将军这两个位置经常是由外戚担任，所以刘秀将他们的地位降到三公之下。刘秀逐步将身边的尚书台由秘书班子变成外朝正式政务机构，还用宦官代替外戚来沟通皇帝和外朝。这种制度设定确实在东汉初期抑制了外戚专权。但从汉和帝（刘肇）起，继位皇帝年龄都比较小，外戚重新获得掌权机会。为了从外戚手中夺回权力，皇帝往往只能依靠宦官的力量。宦官成为东汉后期不可忽视

▲ 明·丁云鹏《白马驮经图》

▲汉和帝像

的一股势力。外戚、宦官和士人在中央的相互斗争就演变成外戚干政、宦官专权和党锢之祸。直到董卓之后地方实力派才将这三股势力基本消灭。

公元88年，汉和帝即位，年仅4岁，窦太后临朝听政。

太后的兄弟窦宪以大将军当政，掌握朝廷大权，窦氏家族不少人也在朝廷担任高官，权倾朝野。当时刘畅很得窦太后的欣赏，窦宪担心他会取代自己的位置，就派人刺杀刘畅，并嫁祸他人。后来真相败露，窦太后大怒，将窦宪关了起来。

此时，匈奴爆发南北之战，南匈奴请求汉朝出兵讨伐北匈奴，窦

▲东汉·汉匈奴归义亲汉长铜印

宪请求出击匈奴，将功赎罪。窦太后便任命窦宪为车骑将军，联合南匈奴，与北匈奴作战。他们大破敌军，斩杀一万三千多人，俘获牲畜百万余头，前后来投降的有二十多万人。此仗打到边塞以外 3000 里，窦宪登燕然山，让人刻石记功并继续追击北匈奴单于，北匈奴单于只好派人到洛阳表示归顺。公元 89 年，皇帝任命窦宪为大将军，并把他的地位提升到三公之上。

公元 91 年，窦宪看到匈奴势力微弱，想将其彻底消灭，于是再次领兵大破北匈奴主力。北匈奴单于逃走，不知所终。窦宪因为有功，把持朝政，大量提拔自己的亲信，这些人相互勾结，有了谋反的想法。汉和帝为了巩固自己的地位，便利用身边的宦官来铲除外戚。等窦宪打败北匈奴还朝后，汉和帝一边派大臣隆重迎接窦宪，一边让郑众秘密调兵控制了京师，一举将窦氏党羽擒获，窦宪等人被迫自杀。郑众因为诛杀窦宪有功，被封侯，内廷开始参与政事。

汉和帝死后，刚满百天的汉殇帝继位，但很快便去世了。邓太后又立了 13 岁的小皇帝，即汉安帝。

鉴于窦氏被灭的教训，邓太后较好地平衡了外戚、宦官、士人这三股力量。外戚方面，她任用邓骘（zhì）掌权，郑众等宦官也继续得到重用，杨震等有名望的学者也被起用。东汉一时人才济济，政治清明。

邓骘是一个谦虚谨慎的人，多次辞让朝廷的封赏，并严格要求自己的宗族遵守法度。公元 107 年，凉州的羌人叛乱，邓骘率军五万讨伐，接连吃了几个败仗。这时，北方的边患也比较严重，邓骘决定放

▲汉安帝像

弃凉州，集中力量对付对朝廷威胁更大的北方边患。但邓骘在对外用兵的过程中没有取得什么功绩。

汉安帝是以皇室的旁支继承皇位的，总是担心自己皇位不保，对手握大权的邓骘十分忌惮。在邓太后亲自主政的时期，国家事务纷繁复杂，需要处理的政务繁多。由于朝臣们无法直接进入内宫参与核心决策与策划，因此，有关国家重大事务的讨论与决策，便通过颁布诏令的形式来传达和执行，以此确保朝政的顺畅运行与决策的有效传达。因此，不得不任用宦官，让他们手操封爵大权，口含王法诏命。公元121年，邓太后死，宦官李闰、江京等诬造邓氏谋划要废掉汉安帝而另立平原王刘翼。邓氏宗族皆被免官，邓骘受到牵连，与儿子一起被迫自杀。宦官李闰、江京都升任中常侍，参与朝政。

汉安帝诛杀邓氏，但他自己的皇后阎氏一家又逐渐专权。汉安帝巡游途中去世，阎太后与其兄阎显秘不发丧。他们为继续独掌大权，没有立汉安帝的独子济阴王刘保为帝，而是另外立北乡侯刘懿为皇帝。宦官江京也听命于阎氏。

刘懿在皇帝任上一直生病。宦官孙程对刘保的手下说："济阴王刘保是先帝的嫡亲儿子，因为先帝听信谗言，才被废黜。如果北乡侯死了的话，我们联合起来，杀死江京和阎显，事情肯定能成功！"不久，刘懿病死。阎太后等将消息封锁起来，不让大臣们知道，又准备秘密挑选其他皇子继承帝位。为防止发生意外，他们关闭宫门，并派重兵把守。宦官孙程知道情况后，与王康等18人在西钟下集合谋划。孙程等人杀了江京等掌权的宦官，因为李闰在所有宦官中的权势最大，就拿刀逼他去迎刘保当皇帝，也就是汉顺帝。第二天早上，汉顺帝命令侍御史收捕阎显等人。孙程等19人都被封为侯。汉顺帝本身性格软弱，又是宦官所立，就将大权交给宦官。

公元144年，汉顺帝死后，皇后梁氏及其兄梁冀立2岁的刘炳为帝，即汉冲帝。不久汉冲帝去世。梁冀又立8岁的刘缵为汉质帝。汉质帝年少聪敏，不满梁冀专权，曾当面指责他是"跋扈将军"。梁冀对此又恨又怕，心里想皇帝长大后一定会找他算账，于是公元146年，他把汉质帝毒死，另立15岁的刘志为汉桓帝。

汉桓帝即位后，娶梁冀的另一个妹妹为皇后，梁氏家族更为显赫。

▲汉桓帝像

梁冀在朝中专权 20 多年，亲属党羽布满朝廷内外，大小官吏的升迁都需先到梁家谢恩。地方官进献贡品，要把好的先送给梁冀，剩下的才送给皇帝。太尉李固等人不肯攀附梁冀，被诬陷处死。汉桓帝对此无可奈何。

公元 159 年，梁皇后死，汉桓帝才与宦官唐衡商议铲除梁氏。唐衡向皇帝推荐了单超。随后，宦官单超、徐璜、具瑗、左悺等 5 人合谋率皇宫卫兵包围梁府。梁冀自杀，梁氏宗亲全部被处死，其党羽也全被免官。单超等 5 人被封侯，宦官势力日趋膨胀。

戚宦之争，本质是皇权之争。在皇帝死后的权力中空期和皇帝成年后的权力更替期，往往就是外戚和宦官发生争斗的关键时刻。从小皇帝即位到其成年，这段时间是外戚最容易掌权的时候。公元189年，外戚和宦官的势力相互消耗得差不多了，地方豪族袁绍又把宦官全部杀尽。到曹操挟制天子时，宦官势力基本上消亡殆尽，东汉的戚宦之争才算基本终结。但此时，东汉王朝也面临灭亡。

白马寺

公元64年的一天晚上，汉明帝刘庄住在南宫，梦到一个身高六丈、头顶放着光的金人，那个金人自称来自西方。第二天，汉明帝将这个梦告诉大臣们，有人说："西方有神，称为佛，和您梦到的一样。"于是汉明帝派人到西域去求佛经、佛法。公元67年，两位印度高僧应邀和东汉使者一起用白马驮着佛经、佛像返回洛阳。汉明帝为纪念白马驮经，让人在洛阳修建僧院，取名"白马寺"。白马寺成为佛教正式传入中国的重要见证。

蔡伦造纸

造纸术是我国古代的四大发明之一。在纸被广泛运用之前，都是把字写在竹简或丝绸上。但竹简太笨重而丝绸又很贵，不便于书籍的抄写和传播。蔡伦在前人的基础上，改进了造纸的方法，把树皮、麻头以及破布、渔网沤烂后造成质地紧密的纸。这种纸张既便宜又便于书写，大大方便了文化的传播。

黄巾之乱

　　道教作为中国本土宗教，一般认为形成于东汉，其思想起源主要杂糅道家、阴阳家的学说，在西汉初期，黄老的无为而治还被统治者作为治理国家的指导思想。在社会上，最开始主要以求仙、求不死药的方士等为人所知。方士虽然在秦始皇"坑儒"时受到很大打击，但在社会上的影响很大。汉武帝一边推崇儒家，一边又派出很多方士寻找仙人、寻访仙药。到了东汉，道教形成组织严密的宗教团体，这时候的道教组织已经很成熟了。东汉末年，影响最大的两个道教派别分别是张鲁领导的五斗米道和张角领导的太平道。

　　张鲁的爷爷叫张陵，通过写符书让老百姓信教。凡是信奉他的人，都要缴纳五斗米，所以被称为"五斗米道"。张鲁继承了道首的位置，自称"师君"。那些来学道的人，最初称为"鬼卒"，以后称为"祭酒"。由祭酒管理信徒，管理比较多的成为"治头大祭酒"。祭酒在路边建造义舍，人们根据自己的饭量从里面拿米肉来吃。对于有过错的人，可以原谅几次再处罚。因此老百姓都心悦诚服地归附张鲁。张鲁在汉中一代建立政教合一的政权，割据地方 20 多年，朝廷拿他也没办法。张鲁后来向曹操投降，被封为镇南将军。

　　而太平道影响更大，张角领导的黄巾起义成为东汉灭亡的导火索。

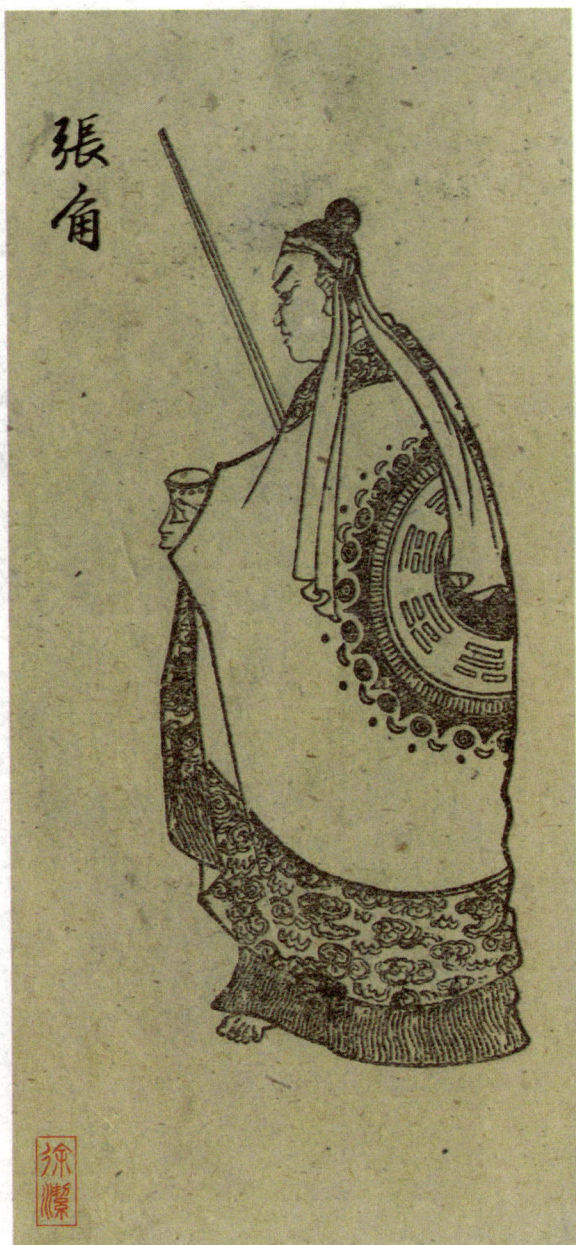

▲张角像

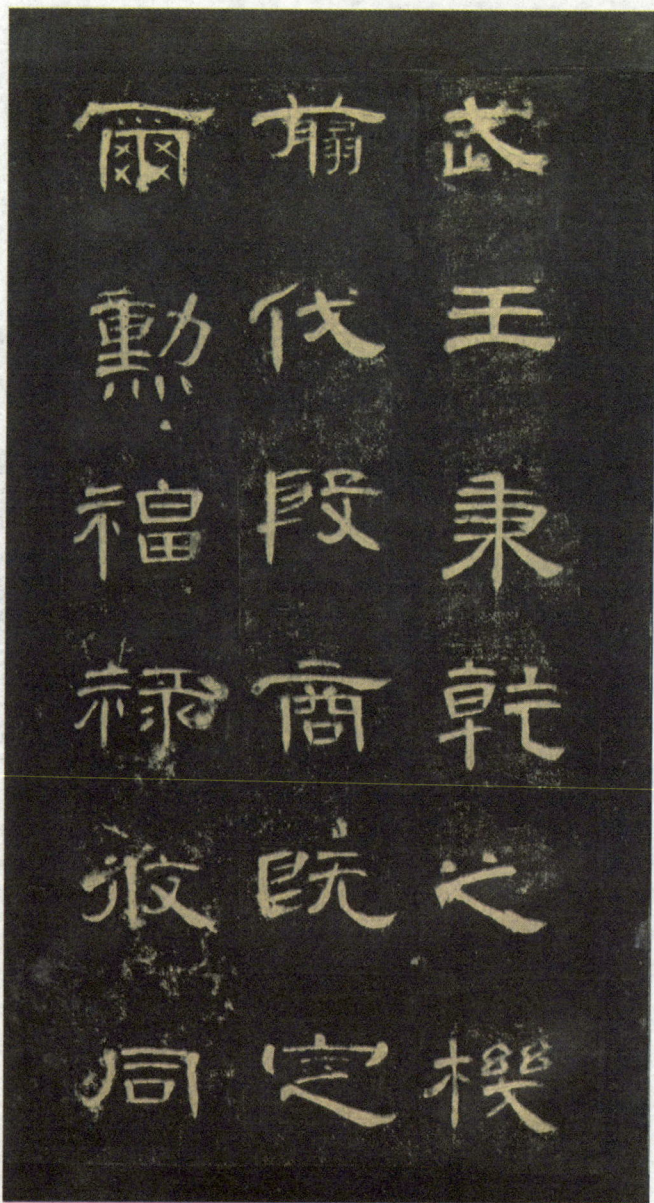

▲东汉·《曹全碑》（局部）。此碑记载了东汉末年曹全镇压黄巾起义的事件，是研究东汉末年农民起义的重要历史资料

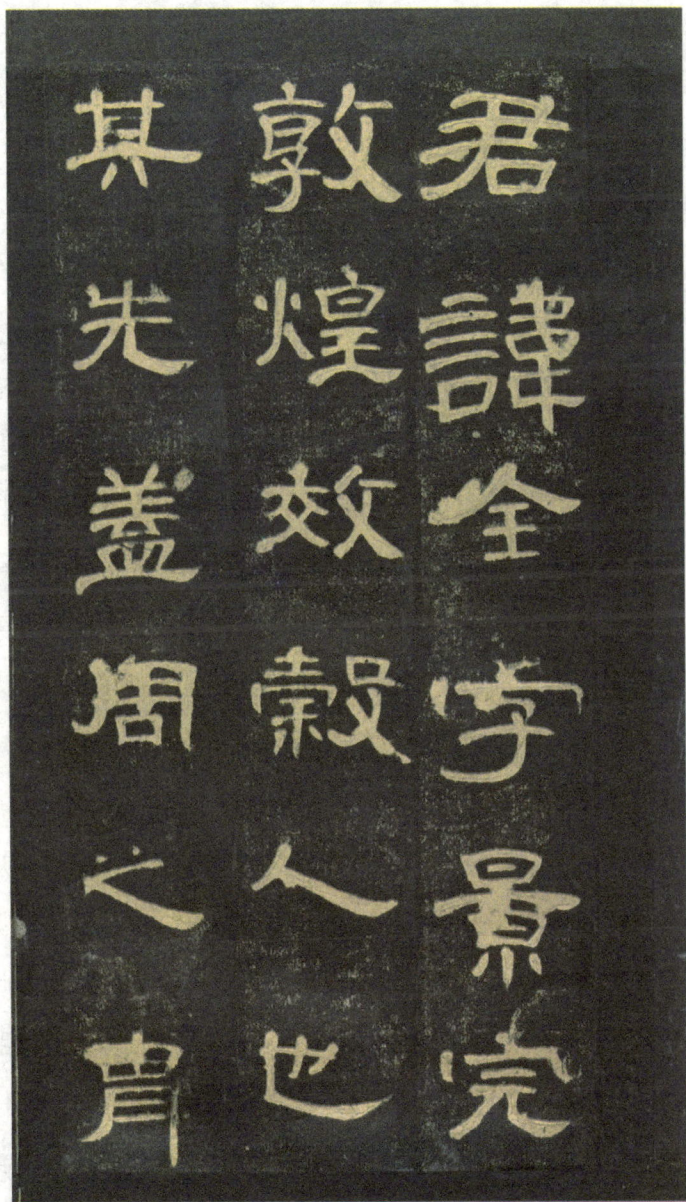

▲东汉·《曹全碑》（局部）。此碑记载了东汉末年曹全镇压黄巾起义的
事件，是研究东汉末年农民起义的重要历史资料

张角信奉黄老思想，并结合《太平经》等经典形成自己的教义，创立太平道。他自称"大贤良师"，广泛招收信徒，声称有过失的人只要跪拜承认错误，保证不再犯，就可以得到宽恕。他派了8个弟子到全国各地去传教，用教人信善、做好事来吸引人，十多年间，发展了几十万信徒。他在全国设置三十六方，大的方有一万多人，小的方有六七千人，每个方设立"渠帅"来管理信徒。

张角到处散播："苍天已死，黄天当立，岁在甲子，天下大吉。"意思就是，按照朝代演变的规律，代表汉王朝的苍天已经走到尽头，代表太平道的黄天应当取代汉朝。"甲子"代表时间从头开始，所以张角选了最近的一个甲子年甲子日，也就是公元184年三月五日举行大起义。这年二月初，各方首领已经开始准备。张角让人在京城寺门和州郡官府写了标语，都留下"甲子"的字样，还派了马元义等人联络朝廷内的宦官，洛阳城内的大批信徒也准备好做内应。但在约定成事前的10天左右，有个叫唐周的太平道信徒告发了这件事。马元义被捕，有一千多相关人员被杀。张角等人知道事情败露，只好提前通知各地信徒起事。张角称"天公将军"，张角的二弟张宝称"地公将军"，三弟张梁称"人公将军"。各地起义军以头戴黄巾为标志，因此被称为"黄巾军"。他们焚烧官府，抢劫村邑，很多州郡的官员都逃跑了。

最初，黄巾军的主力分散在巨鹿、颍川、南阳等地。朝廷任命何进为大将军镇守京师，又下令各地训练士兵，整点武器，召集武装反击"黄巾军"。朝廷派皇甫嵩和朱儁（jùn）带兵征讨颍川一带的黄巾军。

朱儁一开始被黄巾军击败。皇甫嵩因为兵少，和他一起进驻长社防守，也被围。后皇甫嵩派精锐偷偷溜到城外放火，城上点燃火把，与之呼应，然后借此声势冲出，黄巾军惊慌失措逃走。这时，曹操也奉命赶来。黄巾军被汉军追上，死伤数千人。

南阳郡黄巾首领张曼成手下有几万人，在他被杀后，赵弘成为当地黄巾军首领，人数增加到十几万。而张角被卢植击败后撤到广宗，不久病死。

朝廷又让皇甫嵩攻打张角的弟弟张梁的精锐部队。皇甫嵩抓住黄巾军松懈的机会，在黎明前鸡叫的时候发起冲锋，从早上一直打到天黑，张梁败，被杀。黄巾军被杀三万多人，被逼到黄河淹死五万人。朱儁等人带兵进攻赵弘，两三个月都没有什么进展。后来朝廷准备让人替换他，朱儁只得拼命攻击，打败赵弘。

朱儁又将黄巾军围在宛城，他佯装攻打西南部，引开黄巾军，又率精兵攻打东北部，攻入内城。黄巾军请求投降，不被允许。朱儁一连几天都没有把城攻下，就把包围圈打开，让黄巾军可以从缺口往外逃。在黄巾军向外逃命的过程中，朱儁乘势追击，大破黄巾军。黄巾军四处逃散。

当年11月，皇甫嵩又与巨鹿太守冯翊等人打败张角的另一个弟弟张宝。黄巾之乱被平息。

黄巾起义之后，各地农民也纷纷起义。这些起义军的首领一般都有一个名号。其中，说话声音大的就自称雷公，骑白马的就自称张白骑，胡须多的就号称于氐根，眼睛大的就被人称呼为大目。他们人多的有两三万，少的也有六七千。其中，以常山人张燕势力最大。他轻勇矫捷，号称"飞燕"。张燕后来率兵侵犯河内郡，进逼京师。朝廷任命朱儁为河内太守，率领家兵击退张燕。但朝廷也没有能够将其讨平。后来，他投降了朝廷。

公元 188 年，黄巾余部再度发动起义。各地零散的黄巾军各部此起彼伏，声势虽然没有开始那么浩大，但也四处蔓延开来。朝廷为对付黄巾军，赋予地方更多军政大权。但这也导致地方势力大增，一些地方大员和将领借着镇压黄巾起义发展壮大，拥兵割据地方。东汉王朝名存实亡。

三国鼎立

黄巾起义被镇压后，地方势力逐步拥有和朝廷相抗衡的实力。宦官和外戚的争斗进一步削弱了朝廷的力量和权威。

公元189年，董卓趁外戚和宦官集团内斗，局势混乱之际，率西凉大军进入洛阳，挟持汉少帝，掌握了朝廷大权。不久，他又废了汉少帝，立陈留王刘协为帝，自己担任相国，独揽朝政。从公元189年到公元192年，董卓祸乱朝政的三年，被称为"董卓之乱"。

经历董卓之乱后，东汉王朝的元气基本耗尽，皇帝成为摆设。而各地实力派也开始相互攻击，东汉实际上进入各自为政的分裂状态。

曹操通过镇压青州黄巾军，获得降兵三十多万，收编了其中的精锐，组成"青州兵"。曹操实力大增，先后战胜袁术、陶谦、吕布等人。他在迎接汉献帝到许昌后，逐步扩张势力，并开始实行屯田制，逐个消灭其他势力。

在北方小的割据势力基本被扫除后，曹操面对的最大强敌是袁绍。袁绍在反董卓时被推为盟主，后方稳固，兵马充足，实力本来就很强，他在取得冀、并、幽、青四州之地后，拥有几十万军队。袁绍军向官渡附近的曹操军营发起猛攻，先用土堆起小山，从上面向曹军射箭，接着又挖地道，想从地下袭击曹营。这些都被曹操用投石机反攻和挖

▲（日）月冈芳年《南屏山升月曹操》

沟等办法破解。两军相持近两个月，曹操处境非常被动。

袁绍的谋士许攸向袁绍献计偷袭许昌，没有被采纳，就干脆投奔了曹操，献计让曹操偷袭袁绍乌巢的粮仓。曹操亲自率五千精锐四面放火，袁军大乱，乌巢的粮草被焚烧殆尽。袁绍听说曹操袭击乌巢，只派了很少人去救援，而派重兵去围攻曹操的大营。袁绍没有攻下曹操大营，反而丢了粮草，几个重要大将投奔曹操。曹军大获全胜。袁绍逃走，后于公元202年病死。

公元208年7月，曹操经过一番准备，挥师南下。不久，荆州的刘表病死，刘表的儿子刘琮投降曹操。益州牧刘璋也开始接受征兵和纳税，准备归顺。这时候，对抗曹操的主要势力是东南的孙权和由北方不断向南方败逃的刘备。

孙权的父亲孙坚曾随朱儁征讨黄巾军。在讨伐董卓的各路兵马中，孙坚的表现是最出色的。后来袁术派孙坚征讨刘表，孙坚战死。孙权的哥哥孙策以帮助袁术攻刘繇为由，带兵渡江，一路上不断有人前来投奔。孙策所向势如破竹，刘繇逃走。孙策接着击败严白虎和王郎，很快平定江东。后来，孙策被人刺杀，临终前把军政大事托付给孙权。

刘备是汉朝皇族后裔，年轻时只能靠贩草鞋织芦席为生。刘备喜欢结交豪侠，黄巾之乱时起兵，多次立有战功。陶谦举荐刘备为豫州刺史，后来又做了徐州太守，再后来投奔曹操，做了豫州牧。曹操曾在闲聊时对刘备说："当今天下英雄，只有你和我。袁绍那些人，根本不值一提。"刘备听到很是惊恐。董承自称领受了汉献帝的衣带诏，想联合刘备等人密谋诛杀曹操。刘备因为要出征，没有来得及出手。

▲孙权像　唐·阎立本《历代帝王图》

蜀主劉備

▲刘备像　唐·阎立本《历代帝王图》

曹操

▲曹操像

劉備

▲刘备像

孙權

▲孙权像

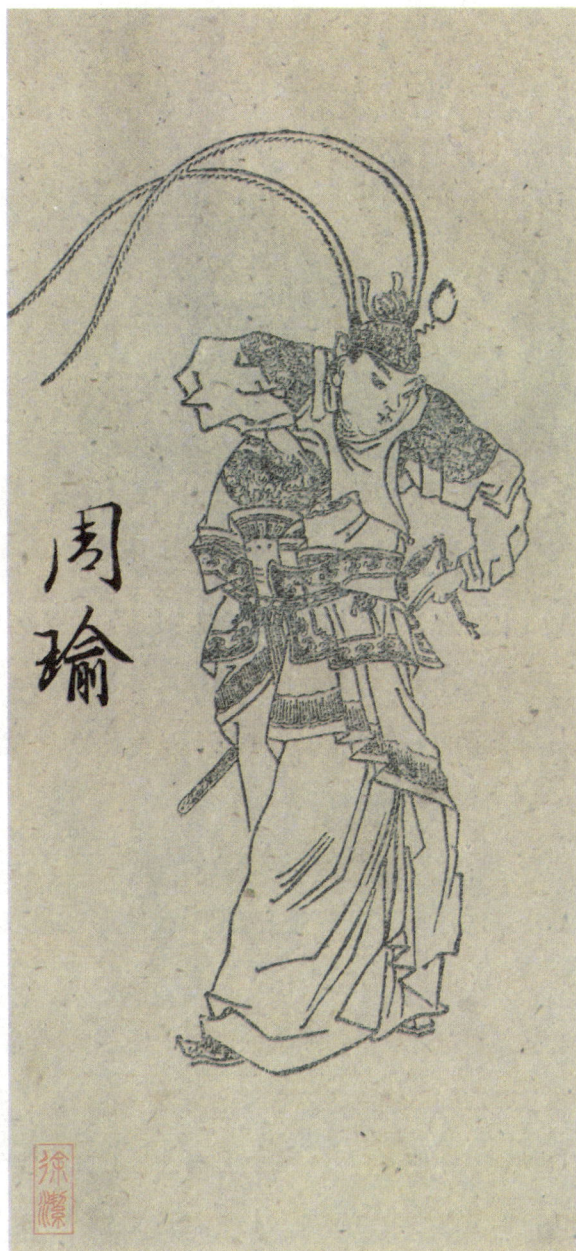

周瑜

▲周瑜像

事情败露后，刘备投奔袁绍。袁绍被打败后，刘备往南投奔刘表。刘表病死后，刘备只好联合孙权共同抗击曹操。

面对曹操大军，不少人劝孙权投降，只有周瑜、鲁肃坚持主张抗击曹操。孙权果断决定，以周瑜、程普为左右都督，与刘备合兵，共同抗击曹操，两军战于赤壁。

这时曹操军队中有不少人染上瘟疫。刚一交战，曹军就败了，退兵到长江北岸。周瑜等驻军长江南岸。周瑜的部将黄盖说："曹军战船全都首尾相接，可以用火将其烧毁。"周瑜调拨几十艘大船，里面装满柴草、油膏，外面罩上帷幕，上面插上旗帜。黄盖先写信给曹操，欺骗他说要乘船来投降。等到船快到达曹操水军大营时，黄盖点燃大船并冲向曹军，自己乘小船返回。大火借着风势，从曹操水营蔓延到岸上营寨。一时烟火冲天，曹军人马被烧死淹死者不计其数，曹军退守南郡。刘备与周瑜等又合力追击。曹操留下曹仁等驻守江陵城，自己退还北方。

赤壁之战后，曹操把更多精力放在对北方的治理上。他反省连年用兵给老百姓带来的苦难，要求抚慰阵亡士兵家属，又在扬州等地屯田，还下令举荐出身低微的有才之士。

趁曹操退兵，刘备占领荆州所辖的江南各郡县。益州牧刘璋为抵御北方的张鲁，邀请刘备前来。刘备派诸葛亮、关羽留守荆州。刘璋资助刘备大批物资，让他去讨伐张鲁。刘备北上驻扎在葭萌，并没有马上攻击张鲁，而是继续向刘璋要兵马。刘备反过来进攻刘璋，把刘璋围困在成都。刘璋为了不牵连当地老百姓，开城投降。

刘备平定益州后，孙权要求他归还长沙、零陵、桂阳三郡，刘备不肯，双方军队形成对峙。这时候，曹操的军队南下进攻汉中，双方才又和解，并以湘水为界平分荆州。后来，孙权利用关羽向北攻击曹仁的机会，派兵袭杀关羽，夺取荆州。

公元 220 年，曹操去世，汉献帝被迫将皇位禅让给曹丕。曹丕称帝，建立魏国。

公元 221 年，刘备在成都称帝，国号汉，史称"蜀汉"。

刘备称帝后，兴兵伐吴。孙权向曹魏称臣，并任陆逊为大都督抵御蜀军。起初，陆逊坚守不战，瓦解了刘备速战速决的战略意图。不久，陆逊突然反攻，在夷陵发动火攻，大破蜀军，刘备大败而逃。公元 229 年 5 月 23 日，孙权称帝，国号为"吴"。至此，魏、蜀、吴三国鼎立的局面正式形成。

三顾茅庐

东汉末年，刘备听说诸葛亮很有才能，带着礼物到南阳卧龙岗请求诸葛亮辅佐他。连续拜访了两次都没有遇到人，直到第三次才见到诸葛亮。当时诸葛亮正在睡觉，刘备不敢惊动他，一直站到诸葛亮醒来才向他请教平定天下的办法。诸葛亮为刘备定下了和曹操、孙权"三分天下"的策略，并辅佐刘备占领四川及周边地区，建立蜀汉政权。

魏文帝曹丕

▲魏文帝曹丕像　唐·阎立本《历代帝王图》

刮目相看

三国时期的吕蒙只会打仗却不认识字。孙权跟他说:"你身居要职,应当多读书,这样可以提升你的本领。"吕蒙从此认真学习。有一天,鲁肃到吕蒙的营地去看他,发现他不仅懂得武略,而且学识出众。吕蒙说:"人都是在成长变化的,和一个人分别三天后,就得用新的眼光去看待他了。"

重归统一

三国鼎立时期，相互之间都有攻伐。

公元 239 年，魏明帝曹叡去世，曹芳继位。司马懿与大将军曹爽一起接受遗诏辅佐皇帝。曹爽想排挤司马懿，让皇帝任命司马懿为没有实权的太傅。公元 241 年，孙权分兵四路攻魏，司马懿得以重新掌握兵权。击败吴军后，司马懿功勋德望日渐隆盛，做事却更加谦恭了。

公元 244 年，大将军曹爽主张伐蜀，被蜀军击败，在撤退途中，又遭到蜀军截击，损失惨重。公元 246 年，吴军前来进攻粗（zhā）中，曹爽不听司马懿的意见，又吃了败仗。曹爽连续几次有失顾命大臣的本分，而且使魏国国力衰退，引起不少人的担忧，但曹爽利用心腹仍把持朝政，迫使司马懿假装生病，不问政事。

曹爽派李胜前去探查司马懿是不是真病了。司马懿假装病得很重，让两个侍婢扶着自己，要拿衣服，拿不稳，掉在地上，还指着嘴说渴。侍婢献上粥来，他用嘴去接，汤流满襟。司马懿故意上气不接下气地说："你这次去并州，要小心一点。我恐怕不行了，就把儿子司马师、司马昭托付给你。"李胜说："我刚才说的是荆州，不是并州。"司马懿还是故意说："你到并州，要保重。"李胜又说："是荆州。"司马懿说："哦，是我老了，刚才没有听清楚你说什么。你是回自己出生的本州。"

司馬懿

将帅之才奸雄之志
得政專權見利忘義

▲司马懿像

接着，他流着鼻涕呜呜咽咽哭了起来。李胜对曹爽说："司马懿已经卧床不起，只有残喘之气，形神已经分离，不值得忧虑了。"曹爽因此对司马懿放松了警惕。

公元 249 年，魏帝曹芳离开洛阳前往高平陵祭扫魏明帝，大将军曹爽等人跟随。司马懿乘机控制京都，让高柔掌管曹爽的军营，让王观掌管曹羲的军营。有人劝曹爽挟持皇帝曹芳到许昌去，再征调天下兵马剿灭司马懿。曹爽没有采纳这一计策，反而派人去见司马懿。司马懿告诉来使，曹爽曾经有过失，让他早日前来服罪，接着又派曹爽的亲信对他说，朝廷只是免他的官职。有人劝曹爽不要相信，没想到曹爽把刀扔掉，说："司马懿只是要夺我的权，我的侯爵还在，还可以做个富翁。"曹爽等人一回到洛阳，就被司马懿派兵包围。不久，司马懿以谋反的罪名杀了曹爽等人。朝政被司马懿掌握。

司马懿去世后，他的儿子司马师独揽朝廷大权。魏帝曹芳与李丰、夏侯玄等人密谋想除掉司马师。事情泄露后，司马师逼迫郭太后废曹芳，改立曹髦（máo）为帝。

公元 255 年，司马师去世，司马师的弟弟司马昭受封晋王，大权独揽。公元 260 年，魏帝亲自率领身边的士兵进攻司马昭的府邸，声称要讨伐有罪之人，敢有抵抗者灭族，司马昭府中的兵将都不敢迎战。司马昭的亲信贾充对那些兵将说："司马家养活你们，就是为了这一天啊！"于是，司马家中兵将起兵反抗，并刺死魏帝曹髦。接着，司马昭立曹奂为帝。

公元 263 年，司马昭制定了先灭蜀后灭吴的战略，派邓艾、钟会、

晋武帝司馬炎

▲司马炎像　唐·阎立本《历代帝王图》

诸葛绪等人率领大军伐蜀。邓艾从西边直接进攻蜀守将姜维。钟会在打下汉中几个城后，又继续进攻到姜维斜后方的关城。姜维率军后撤，关城失守，与前来增援的张翼、廖化一起守剑阁。剑阁是通往成都的主要通道，钟会大军被阻隔在剑阁之外。钟会一时攻克不下，便商议退兵。邓艾率军一万多人从阴平出发，一路凿山开路，越过700余里荒无人烟的险域，到达江油。江油蜀军大惊失色，不战而降。邓艾攻占绵竹，杀死守将诸葛瞻。不久，蜀后主刘禅投降，姜维也只好跟着投降。姜维投降后，劝钟会自立为帝。钟会陷害邓艾被抓后，准备谋反，但魏将皆不服从，钟会被监军卫瓘等人杀死。

公元265年，司马昭病死，司马昭的儿子司马炎逼迫曹奂禅让，即位为皇帝，国号"晋"。

公元269年，司马炎派羊祜开始灭吴的准备工作，他一边积存粮食，一边在长江上游训练水军，制造战船。经过10年准备，发兵二十万，分六路进攻东吴。其中两路直逼东吴京师建业，牵制吴军主力；另外三路夺取夏口以西各战略要点，并策应自巴蜀顺江而下的八万水陆大军。公元279年，晋军水陆并进，进入建业。吴主孙皓投降，吴国灭亡。三国长期分裂的局面至此结束，天下重归统一，历史进入新的时期。

▲钟会像

历史人物

李斯——秦一统天下的智囊

李斯是战国时期楚国上蔡人。他年轻的时候做过小吏，看到厕所里的老鼠在吃脏东西，有人或狗来时，就受惊逃跑；而粮仓中的老鼠，吃的是粟米，住的是大房子，也不用担心被人或狗惊扰。李斯感慨道："一个人有没有出息，和所处的环境息息相关。"于是他师从荀子，学习帝王治理天下的学问。学成之后，他向荀子辞行说："最大的耻辱莫过于卑贱，最大的悲哀莫过于贫穷。处于卑贱的地位和贫困的环境之中，却还要非难社会、厌恶功名利禄，标榜自己与世无争，这不是读书人应该有的想法。现在秦王想吞并各国，这正是平民出身的政治活动家和游说之士施展抱负的好时机。所以我要到西方去游说秦王。"

李斯到秦国后成为相国吕不韦的舍人，并得到接近秦王的机会。这个秦王就是后来统一六国的秦始皇。李斯对秦王说："之前秦穆公虽称霸天下，但因为周朝的德望没有衰落，诸侯国也还很多，最终没有吞并六国。自从秦孝公以来，周朝卑弱衰微，诸侯之间互相兼并，现如今诸侯服从秦国就如同郡县服从朝廷一样。这是扫平诸侯、成就帝业、统一天下千载难逢的好时机。如果等到诸侯再强盛起来，又订立合纵的盟约，那就不能吞并它们了。"秦王听后任命李斯为长史，暗中派遣谋士带着金玉珍宝去各国游说，对各国有能力的人物能收买的

▲荀子像

就送礼物加以收买；不能收买的就想办法杀掉。李斯的计策非常管用，秦王于是任命李斯为客卿。

但秦国的贵族和大臣们都对秦王说："从其他各国来秦国做官的人，大多是为他们的国君游说、离间秦国的。请求大王把客卿全部驱逐。"李斯也在被驱逐的对象之列。于是李斯就上书说，秦穆公重用的由余、百里奚、蹇叔、丕豹、公孙支都不出生在秦国，而他们帮助秦国吞并了二十多个国家，称霸西戎。此后的秦王都善于依靠别国客卿的力量来壮大秦国，逐渐吞并诸侯的土地，终于使秦国奠定了统一天下的基础。非秦国出生的士人，愿意效忠秦国的也不少，客卿没有哪一点对不起秦国。如果不问是非曲直，只要是客卿就一律驱逐，这就相当于"借武器给敌人，送粮食给盗贼"啊。这不是统一天下、制服诸侯的好策略。秦王听后认为有理，便废除了逐客令，恢复了李斯的官职，采用了他的计谋。

秦国用了二十多年的时间终于统一天下，秦王被尊称为"皇帝"，即秦始皇，李斯被任命为丞相。

秦统一全国后，李斯认为现在皇帝统一了天下，但各个学派的学者却任意批评朝廷的法令制度，并以批评君主来博得名声，认为和朝廷不一样便是本领高。如果对这些不加以禁止的话，君主的权力威望就会下降，就会出现各种分裂的势力。李斯请求把诸子百家的著作都收缴起来，如果还有人不服从，就判处黥刑并罚做苦役。秦始皇批准了他的建议，并统一文字、修明法令。

公元前210年，丞相李斯随秦始皇外出巡行。秦始皇到达沙丘时因病重去世。李斯认为皇帝在外面去世，又没正式确立太子，所以应该保守秦始皇已经去世的秘密，并把秦始皇的尸体安放在一辆通风凉爽的车子中。百官奏事及进献饮食还像往常一样。

为保住手上的权力，李斯听从了赵高的安排，伪造了秦始皇的诏书，立秦始皇的小儿子胡亥为太子；又伪造了一份诏书赐给长子扶苏和将军蒙恬，命令他们自杀。胡亥、李斯、赵高到咸阳后发布丧事，太子胡亥被立为二世皇帝。

秦二世为了巩固自己的统治，重新修订法律，将群臣和秦始皇的其他儿子悉数定罪，并杀死了大臣蒙毅等人，连带一同治罪的不计其数。秦朝的法令刑罚一天比一天残酷，群臣和百姓人人自危，想反叛的人很多。陈胜、吴广等人起兵造反，各地反叛的豪杰蜂拥而起。李斯多次想找机会进谏，但秦二世不允许。各地起义军让李斯感到害怕，他只好曲意迎合秦二世的心意，说当皇帝就应该随心所欲、寻欢作乐，那些劝谏君主的人就应该把他们赶走。

赵高一边劝秦二世躲在深宫享受所谓皇帝的"尊贵"，一边又对李斯说："现在作乱的人很多，而皇上却玩物丧志。您作为丞相怎么能不劝谏呢？"李斯说："我早就想说了，只是皇帝常居深宫不临朝听政，我想见皇帝却又没有机会。"赵高对他说："您若真能劝谏的话，请让我替你打听，只要皇上一有空闲，我立刻通知你。"于是赵高每次都在秦二世闲居娱乐时，就派人告诉李斯说："皇上正有空闲，可以进宫奏事。"李斯便跑到宫门求见，秦二世对此很生气，心里想，平时空闲的时候丞相都不来，一到他休息娱乐的时候就来烦自己。他觉得这明显是李斯故意找碴，是丞相看不起自己！赵高也在一边添油加醋地说："李斯参与了沙丘的密谋，自认为权力比陛下还大。现在他的大儿子李由担任郡守，楚国故地的陈胜等人之所以一直没有被平定，就是因为他们是丞相故乡相邻县的人。他们与李由有勾结。"

李斯也向秦二世状告赵高的种种不是。但秦二世反而担心李斯是自己的威胁，就把李斯的这些话告诉了赵高。赵高替秦二世出主意，建议查办丞相李斯和他的儿子，并将他的宾客和家族成员全部逮捕。李斯被屈打成招。此时，李由也已经被项梁杀死，赵高就编造了一整

▲李斯《峄山刻石》（局部）

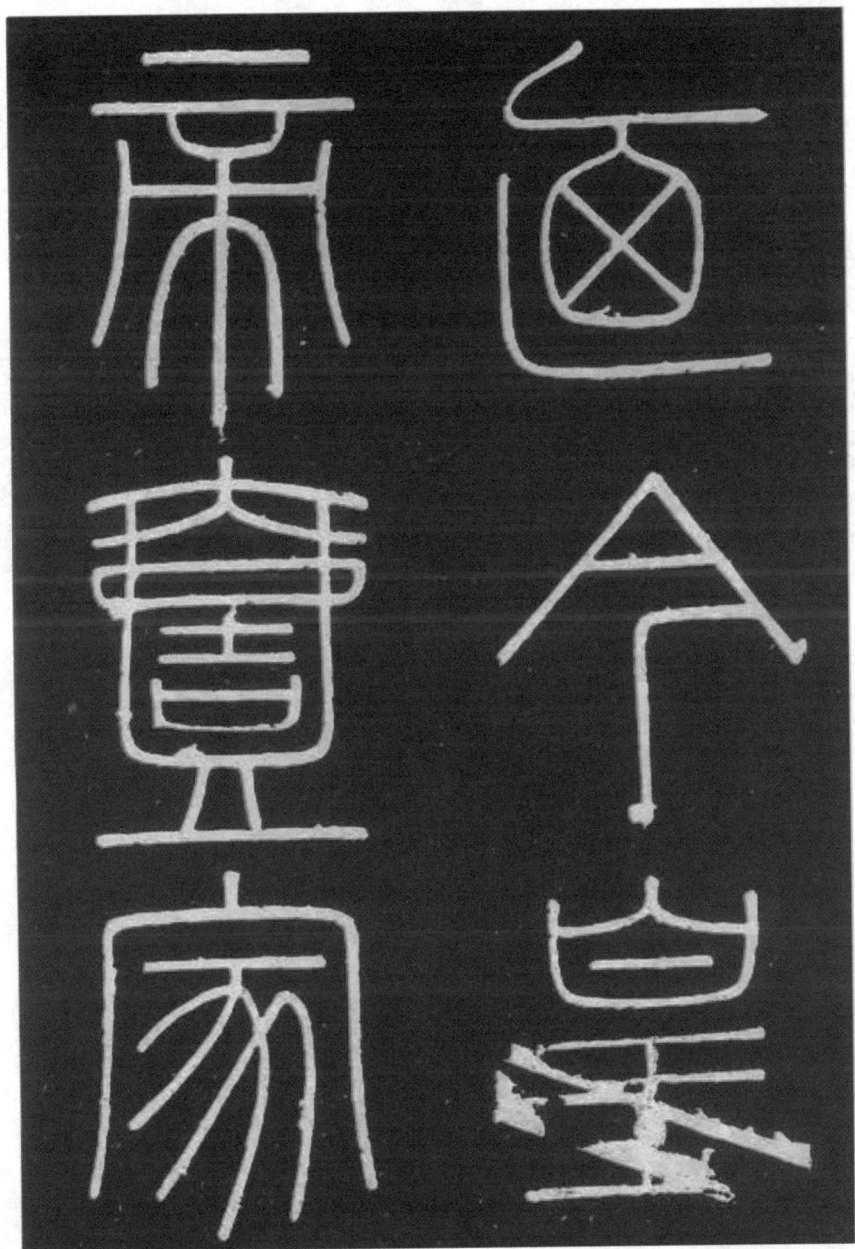

▲李斯《峄山刻石》（局部）

套李由谋反的罪状。最后李斯被判处死刑，在咸阳街市上被腰斩。

李斯以平民之身，辅佐秦始皇完成统一大业，可以称得上功绩卓著。但他却过于留恋权力、私自废立皇位继承人、推行酷刑峻法、阿谀奉承，最终自食恶果。

书法鼻祖李斯

李斯其实还是位出色的文学家、书法家，鲁迅先生曾对他有极高赞誉，说他的文章"秦之文章，李斯一人而已"，他的书法"小篆入神，大篆入妙"。特别在书法方面，李斯被后世称为"书法鼻祖"。

张良——洞察时局和人心的谋才

　　张良是战国时期韩国人，张良的祖父和父亲都在韩国为相。秦国灭韩国时，张良年纪还小，也没有在韩国做过官。但他一直有为韩国复仇的心愿，因此用全部家财募求刺客刺杀秦王。秦始皇到东方巡游时，张良带着一个能挥舞一百二十斤大铁锤的大力士在博浪沙袭击秦始皇。铁锤误击了秦始皇的副车。秦始皇大怒，在全国范围内大举搜查刺客，张良只能改名换姓藏了起来。

　　有一天，张良在一座桥上散步，有位老人家走到张良跟前，故意把鞋子"掉"到桥下，并回头很没有礼貌地对张良说："小子，下去把鞋子捡上来！"张良本来很生气，但看他年纪比较大，就强忍着怒气，下去把鞋子捡上来。老人又说："给我穿上！"张良想：既然已经为他把鞋子捡上来，跪下给他穿上也无妨。穿好鞋子后，老人笑着扬长而去，过了一会儿，又回来对张良说："你这小子可以调教，五天后天亮时，在这里等我。"张良觉得他很奇怪，但也答应了。五天后天刚刚亮，张良就到了桥头，但老人已经先到了那里。老人生气地说："你跟老人家约好了，怎么还迟到呢？"他接着说："过五天，再到这里等我。"五天后，鸡一叫，张良就来到桥头。但老人又已经在那里了，又生气地说："怎么又晚到？你五天后再早点来吧。"到第五天，张良不到半

张良

姓张名良字子房韩人大父開地相韩昭侯宣惠
王悼惠王平卒秦滅韩良年少未宦事韩破良家僮三
百人弟死不葬悉以家財求客刺秦王為韩報仇以五世相
韩故得力士為鐵椎重百二十斤擊秦皇博浪沙中誤中副
車乃匿下邳遇圯上有老人墮履復記下良進之出一編書
曰讀此則為王者師後佐漢高祖平定天下運籌帷幄之中
決勝千里之外與蕭韓稱為三傑封留侯頗景人閒事欲
從赤松子遊乃學辟穀道引輕身會高帝崩呂后德留侯乃
彊食之曰人生一世間如白駒過隙何至自苦如此留侯不得
已彊聽而食凌八年卒諡為文成侯

▲张良像 清·无名氏《历代帝王圣贤名臣大儒遗像》

夜就去了。过了一会儿，老人也到了，高兴地说："你这样就对了。"接着他拿出一本书，对张良说："你读了这本书，就能做帝王的老师了。十年后，你会成就一番事业。十三年后，你到济北来见我，谷城山下黄石就是我。"老人离去，从此张良没再见到老人。天亮后，张良仔细看那本书，原来是《太公兵法》。

此后，张良继续行侠仗义，还搭救过因为杀人前来躲藏的项伯。得到《太公兵法》后的第十年，陈胜等人起兵抗秦，张良也招聚了一百多青年。张良在路上遇到了手握几千兵马的刘邦，于是归附了刘邦，并被任命为厩将。张良对其他人讲《太公兵法》，他们都不能领悟。但把《太公兵法》讲给刘邦听，刘邦却能经常采用张良的计策。因此，张良认为刘邦也是不一般的英雄人物，始终追随刘邦。

在攻击秦朝都城咸阳之前，刘邦想用两万人攻击秦朝驻扎在峣下的军队。张良劝他说："秦兵还很强大，不能轻视。我听说这里的守将是位屠夫的儿子，这种出身的人容易被利益打动。我们可以留下军队坚守营垒，派人准备五万人的粮食，再在各山上悬挂旗帜作为疑兵，并派郦食其携带贵重的财宝去收买秦军守将。"这招一出，秦军守将果然背叛，并想与刘邦联合一道去攻打咸阳。张良又劝道："这次只有秦军的守将背叛秦朝罢了，恐怕他手下的士卒们不会听从。不如趁着他们将卒离心、纪律松散而攻击他们。"于是刘邦领兵大破秦军，直捣咸阳，秦王子婴投降。

刘邦进入秦朝皇宫后，看到宫殿里的帷帐、贵重的珍宝、美女后，就想留下住在这里。张良劝说道："因为秦朝统治者暴虐无道，所以您

▲日·歌川国芳《鞋挂》

才得以来到这里。现在您刚进入秦朝都城,不去扫平各地的动乱就贪图享乐,这就等于'助纣为虐'啊。"刘邦这才回到灞上驻扎军队。

后来项羽知道刘邦驻扎在函谷关,并不准其他人进入咸阳,就认为刘邦背叛了他,准备攻击刘邦。项羽的叔叔项伯因为此前张良对自己有搭救之恩,就连夜骑马到刘邦的军营中找张良,让张良一起离开。张良将情况全部告诉了刘邦,刘邦大惊,不知道该怎么办。于是张良邀项伯见刘邦,让刘邦陪他喝酒,并约定结成姻亲。之后,张良要项伯告诉项羽,刘邦不敢背叛项羽,之所以把守函谷关,是为了防备其他盗寇。刘邦到鸿门见到项羽后,两人冰释前嫌,项羽还封刘邦做了汉王。

在刘邦前往封国前,张良劝他说:"您何不烧掉路上的栈道,让天下人都觉得您没有再回来的意图,那样就可以让项羽心安。"刘邦便让张良回韩国去,他带领军队一边前行,一边把所经过的栈道都烧毁了。项羽因此不再担心刘邦,发兵向北攻击谋反的齐王田荣等人。而刘邦则乘机返回平定了原秦国的土地,但刘邦军队打到彭城时,战败而回。张良跟刘邦说:"九江王黥布与项羽有矛盾,彭越在梁地反叛项羽,您手下的韩信可以独当一面。不如把函谷关以东的地方给这三人,那么项羽就可以被打败了。"刘邦听从了张良的建议。

谋士郦食其劝刘邦立已经灭亡的六国的后代为各地的王,并联合他们的力量抵抗项羽。张良却认为:"这个主意不行。您没有统一全国,没有那么高的威望和实力,是不能封六国后代的。再说,如果分封六国后代,那些跟随您南征北战的谋臣、勇士就会心灰意冷,都想回到家乡去辅助各地诸侯王。到那个时候，还有谁跟您一起夺取天下呢？"

刘邦战胜项羽后，想封三万户给张良作为封邑。张良说："我在留县遇到您，那是上天将我交付给陛下。我不敢接受三万户，只希望受封留县就满足了。"于是刘邦封张良为留侯。刘邦封赏二十多人后，其他的人日夜争功，相持不下。刘邦就没有继续进行封赏。张良对刘邦说："您以平民百姓的身份起家夺取了天下，靠的就是这帮人。您现在封赏的都是亲近喜爱的人，而诛杀的都是生平所怨恨的人。而且您担心天下的地不够用来封赏，那这些跟随您的人就会担心因往日的过失而遭诛杀，就可能联合起来造反。"刘邦问："那该怎么办？"张良说："群臣中，您最憎恨谁就先封谁。"于是刘邦封雍齿为什邡侯，并对其他人论功行赏。

在储位之争中，刘邦想废掉太子，立戚夫人的儿子赵王如意为太子。吕后为此请张良帮忙出主意，劝刘邦不要废掉太子。张良推辞了一下说自己也没办法，最后只好说："皇上一直想招四个很有贤德的老人家到朝廷当官，但他们不愿归附，都逃到山里去了。如果太子能够让商山四皓出山，那皇上就会对太子另眼相看。"后来太子用谦卑的言辞和丰厚的礼物去请四人，终于把他们四人请出山。一次宴会上，刘邦看到商山四皓跟着太子，大为惊奇。他问："为什么我请你们不来，现在却跟着太子？"商山四皓都说："您喜欢辱骂士人，所以我们就逃走躲藏起来。现在，我们听说太子为人仁义孝顺，恭敬有礼喜爱士人，所以我们就来了。"最后，刘邦决定不再更换太子。

▶南宋·刘松年《商山四皓图》。商山四皓是秦朝末年四位信奉黄老之学的博士，因不满秦始皇的焚书坑儒暴行而隐居于商山。汉朝建立后，吕后在张良帮助下力请商山四皓出山，辅佐太子刘盈，以此让刘邦打消了改立太子的念头

暗度陈仓

秦朝灭亡后，项羽自封西楚霸王，而封刘邦为汉王。刘邦虽然不满，但还是领兵进入自己巴蜀一带的封地。他派人沿途烧了巴蜀的栈道，表示不再与项羽争夺天下。等实力得到增长后，刘邦表面上用修理被毁坏的栈道来迷惑项羽，但暗地里迅速绕道陈仓，进而取得关中之地。这为刘邦与项羽争夺天下奠定了很好的基础。

吕后——太后专政第一人

吕后，即吕雉，刘邦之妻，一直跟随汉高祖刘邦征战四方。刘邦称帝后，立她为皇后。公元前195年，刘邦去世，吕后作为太后掌握朝廷大权。吕后为人刚强坚毅，辅佐汉高祖刘邦平定天下，并协助诛杀韩信、黥布、彭越等大臣。她的两个哥哥吕泽和吕释之，都是刘邦的得力部将。

刘邦去世后，太子刘盈做了皇帝，即汉惠帝。吕后最怨恨戚夫人和她的儿子赵王如意，因为如意曾抢夺过太子之位。于是吕后把戚夫人囚禁起来，汉惠帝担心吕后杀赵王，一直跟他同吃同睡。有天清晨，汉惠帝外出射箭，赵王年幼不能早起。吕后知道后，派人拿毒酒将他毒死。不久后，吕后又派人将戚夫人做成了人彘（zhì）扔在了茅厕里。汉惠帝得知后崩溃大哭，从此每天饮酒作乐，不问朝政。

公元前188年，汉惠帝在郁郁寡欢中重病去世，汉惠帝的太子即位做了皇帝，即汉前少帝，吕后掌权。吕后封自己的兄弟吕台、吕产、吕禄为将军，掌握朝廷大权，朝廷号令完全出自吕后。吕后行使皇帝的职权之后，违背"非刘氏而王，天下共击之"的誓约，立诸吕为王。

汉前少帝略微懂事后，吕后害怕其将来对自己不利，就将汉前少帝囚禁起来，并声称皇帝得了重病而将其废黜，随后又暗地杀死汉前

▲吕雉皇后玉玺

少帝。接着，吕后立常山王刘义为皇帝，改名叫刘弘。

吕后怕自己死后刘氏宗亲作乱，一方面给他们分封爵位来安稳人心，另一方面对表现不满的予以严酷打击。吕后病重前曾告诫吕禄、吕产：汉高祖刘邦平定天下后，曾和大臣们立下"非刘氏而王，天下共击之"的誓约。现在吕家的人被封为王，大臣们心中不平。她死后，恐怕大臣们要作乱。他们一定要握住兵权，保卫皇宫，千万不要为她去送葬。

公元前180年，吕后去世，吕氏独揽大权，打算谋乱。齐王刘襄写信给各刘氏诸侯王："诸吕聚兵率卒，假传皇帝之命，向天下发号施令，危及刘氏宗庙。我率兵入京就是去杀不该为王的人。"吕产等人派灌婴率军迎击齐王。灌婴到荥阳后和将士们商议："诸吕图谋颠覆刘氏，自立为帝。如果打败齐王的军队，就是给吕氏增了实力。"于是灌婴把军队留驻在荥阳，派使者告知齐王及各国诸侯，要和他们联合起来，等待吕氏发动判乱，再共同诛灭他们。

吕禄、吕产想发动叛乱，但朝廷内外各方势力让他们犹豫不决。太尉周勃与丞相陈平商议后，派人骗吕禄，说："刘氏、吕氏被立为王的人，都是大臣们商议过的，诸侯也都认可。现在太后逝世，您不赶快回到被封的赵国，却还在朝廷担任上将军，只会让大臣诸侯们产生怀疑。您还不如和吕产把将印归还给朝廷，和大臣们订立盟约，返回封国。这样大臣能心里踏实，您也可以子孙万代都做王。"吕禄听信了他们的话，将兵权交给周勃，周勃拿着将印进入军门，向军中发令："拥护吕氏的祖露右臂，拥护刘氏的祖露左臂。"军中将士都祖露左臂拥护刘氏。朱虚侯刘章进入皇宫，率领一千多人向吕产发起攻击。吕产的随从官员一片混乱，无人再敢抵抗，吕产随后被刘章所杀。周勃随即派人将吕氏不分男女老少全部斩杀。

吕氏一族被灭后，朝中大臣及各诸侯拥立仁孝宽厚的代王刘恒为皇帝，也就是汉文帝，吕后的统治正式结束。

虽然吕后有专权狠辣的一面，但其临朝期间，老百姓得以脱离战争的困苦，专心从事生产，人民衣食逐渐富足起来了。司马迁在《史记·吕太后本纪》中用"天下晏然"来形容此时的汉朝社会。

司马相如——天下文宗

司马相如字长卿，成都人。司马相如是汉代很有成就的辞赋家，是中国文化史、文学史上杰出的代表，被后人称为"赋圣"和"辞宗"。他的作品现存有《子虚赋》《上林赋》《大人赋》《长门赋》《美人赋》《哀秦二世赋》等。

司马相如幼时喜欢读书，同时学习剑术。司马相如很仰慕战国时期的名臣蔺相如，便自己改名相如。

司马相如成年后做了一段时间汉景帝的武骑常侍，后来因为伤病退职，旅居梁国，与志趣相投的文人们一起共事。也就是在这时候，司马相如写出了著名的《子虚赋》，很得梁孝王门人的喜欢。

在梁孝王去世后，司马相如返回蜀地，然而他没有可以谋生的职业，只好去找好友临邛县令王吉。王吉给他出了一个抬高身价的主意，让司马相如暂住在城内一座小亭中，他则每天毕恭毕敬来拜访。司马相如开始还以礼相待王吉，后面就谎称有病，让下人拒绝王吉的拜访，但王吉却更加谨慎恭敬。临邛县里卓王孙家和程郑家都是有名的富户，得知司马相如是县令的贵客，就想一起宴请他。

当县令王吉到了卓家后，已经有一百多位宾客就座，但司马相如托病未来。王吉亲自去接司马相如，司马相如不得已勉强来到卓家。

▲清·袁江《梁园飞雪图》

贵客一到，满座的客人无不高兴。大家酒兴正酣时，县令上前说："听说司马相如先生特别擅长弹琴，希望您能弹奏一曲，让大家饱饱耳福。"说着把琴放到他面前。司马相如辞谢一番，便弹奏了一段曲子，在场的无不喝彩。

卓王孙有个叫文君的女儿，此时正躲在门缝后偷偷看着司马相如。卓文君刚守寡不久，住在娘家，听说司马相如一表人才，也想见识见识。司马相如看到貌美的卓文君，便再弹一曲《凤求凰》，用琴声传达了对她的爱慕之情。卓文君听后心里欢喜，但又怕司马相如不了解自己的心情。宴会完毕，司马相如托人买通卓文君的侍者，向她转达倾慕之情。卓文君乘夜逃出与司马相如私奔到成都。卓王孙得知女儿私奔之事后，非常恼怒，即使后来知道司马相如家里非常贫穷，也不给女儿一丁点钱。

与司马相如在成都生活一段时间后，卓文君对丈夫说："如果你同我一起回临邛县，向朋友们借点钱，也不至于像现在这样贫苦。"司马相如便同卓文君来到临邛，把车马全部卖掉，买下一家小店做卖酒的生意。司马相如让卓文君与雇工们一起操作忙活，在闹市中洗涤酒器。卓王孙知道后，深以为耻。有人劝卓王孙："现在生米已经煮成熟饭，再说司马相如曾经为官，而且是县令的贵客，你家又不缺钱财，何必让他们吃苦呢？"卓王孙只好分给卓文君一百个家奴、一百万铜钱，以及一些衣服被褥。司马相如二人又回到成都，买田置地，家境逐渐殷实。

有一天，汉武帝读到了《子虚赋》，惊异万分，说"要是能和这

▲明·杜堇《听琴图》

个作者同时代就好了"。在一旁侍奉汉武帝的杨得意便回答说这是自己的同乡司马相如的文章。汉武帝惊喜万分，便招来司马相如，询问《子虚赋》是不是他写的。司马相如说："这算不上什么，这篇赋只写诸侯之事，不值得您看。请让我写篇天子游猎的赋，写成后再进献给您。"这便是《天子游猎赋》。赋写好后，汉武帝非常满意，任命司马相如为郎官。

几年后，为治南夷道，唐蒙受命征发巴郡、蜀郡一带的官吏士卒上千人，征调陆路及水路运输人员一万多人，又用非常规手段杀了当地的"大帅"，巴郡、蜀郡百姓大为惊恐。汉武帝知道后，派司马相如去责备唐蒙，并安抚巴郡、蜀郡百姓。西南地区的君长听说"南夷"已与汉朝交往，得到很多赏赐，也希望汉朝比照"南夷"的待遇委任他们以官职。汉武帝于是任命司马相如为中郎将，令持节出使。

蜀郡太守及其属官都到郊界迎接司马相如。卓王孙、临邛诸位父老也都献上牛和酒等礼物。司马相如平定了"西南夷"，拆除了原有的关隘，使汉朝疆域扩大了不少。之后，有人上书告司马相如出使时接受了别人的贿赂。司马相如也因此失掉了官职，后又被重新起用。

司马相如晚年病情严重，汉武帝担心他生前所写的文章会散失，于是派人想将他的书全部带走，但搜遍全家也没有找到任何书。卓文君说："司马相如写的文章，别人看到就取走了，因而家中总是空空的。不过，他在生前写过一卷书，说如有使者来取书，就把它献上。"这卷书是有关封禅的事，汉武帝看到后非常惊异。有大臣趁机劝说汉武帝："封禅是最值得尊崇的礼仪，圣明的君王进行封禅大礼，尊奉土地

▲明·仇英《上林图卷》。此画取意西汉司马相如的名篇《上林赋》，描写了汉武帝时皇家园圃上林苑的美景以及汉武帝与群臣狩猎时的壮观景象

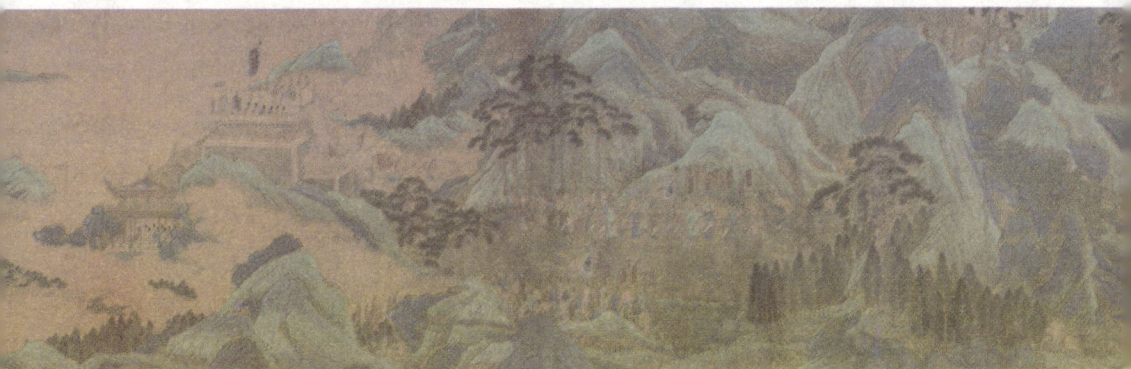

神，诚恳地祷告天神，在嵩山刻石记功，都是非常重要的。您坚持不封禅，那是谦让的表现。但这也断绝了与上天的沟通。"汉武帝思来想去，觉得他们所讲也有道理，就询问了封禅的具体情况。司马相如死后五年，汉武帝开始祭祀土地神。司马相如死后八年，汉武帝在泰山封禅。

《子虚赋》

描写的是楚国人子虚先生出使齐国，子虚向乌有先生讲述随齐王出猎，齐王问到楚国，便极力铺排楚国的广大丰饶。乌有不服，便以齐国之大海名山、殊方异类回敬子虚。

司马迁——成一家之言的史学大家

  司马迁，西汉著名史学家、文学家、思想家。公元前 145 年，出生于龙门（今陕西韩城市，一说今山西省河津市）一个世代史官的家庭。公元前 108 年，司马迁出任太史令，继承父业，著书立说。司马迁创作了中国第一部纪传体通史《史记》。《史记》因为其"究天人之际，通古今之变，成一家之言"，被公认为是中国史书的典范。该书记载了从上古传说中的黄帝时期到汉武帝元狩元年，长达三千多年的历史，是"二十五史"之首，被誉为"史家之绝唱，无韵之《离骚》"。

  司马迁小时候在龙门山南麓生活，10 岁时已能识读古文，并得到机会向老博士伏生、大儒孔安国学习。从 20 岁开始，他游历全国名山大川、名胜古迹，见证了汉朝繁荣的经济和兴盛的文化。正如司马迁在《史记·太史公自序》中所说的："二十而南游江淮，上会稽，探禹穴，窥九疑，浮于沅湘。北涉汶泗，讲业齐鲁之都，观孔子之遗风，乡射邹峄，厄困鄱薛彭城，过梁楚以归。"

  司马迁游历归来，做了郎中，奉朝廷之命出使巴蜀以南的地区。在略定了邛、笮、昆明之后，司马迁回到长安向朝廷复命。

  公元前 110 年，汉武帝举行大规模的封禅典礼。司马迁的父亲司

▲司马迁像 清·无名氏《历代帝王圣贤名臣大儒遗像》

马谈因病留在洛阳。作为史官，不能参与封禅典礼，司马谈心中愤懑。司马迁恰好返回洛阳见到了父亲，司马谈抓着司马迁的手流着泪说："我们家的祖先是周朝的太史，专职于天文工作，取得过显赫的功名。从鲁哀公获麟到现在，其间由于诸侯兼并混战，史书丢散、记载中断。从周公死后五百年而有孔子，从孔子到现在又五百年了，是到了继承并光大孔子的事业，修正《易传》，续作《春秋》，根据《诗》《书》《礼》《乐》衡量一切的时候了。如今汉朝兴起，海内统一。对于贤明的君主、忠义的臣子的事迹，我作为太史而不能记载评论，中断了国家的历史和文物典章的传承。对此我感到十分不安。我死以后，你一定要继任太史，这样就可以接续我们祖先的事业。你可要记在心里，不要忘记继续编写史书，要记录下历史。"司马迁低下头流着泪说："儿子虽然不聪明，一定会把父亲记录历史的心愿完成，不敢推辞，不敢有丝毫的缺漏。"

司马谈死后，司马迁成为太史令。他开始阅读和摘抄石室金匮收藏的图书档案。

秦朝的焚书坑儒毁弃了许多古代文化典籍。汉朝建立后，萧何颁布了律令，韩信整顿了军法，张苍制定了章程，叔孙通制定了礼仪。文人学者逐渐被启用，《诗》《书》之类的典籍也在各地不断被发现。汉朝建国以来的文章和旧事都汇集到太史公这一职务所掌管的地方。于是司马迁搜集天下散失的历史故事和传说，对帝王的兴起追本溯源，探究始终，观察朝代盛衰的原因，依据事实进行考订。

公元前99年，李陵出征匈奴，与几万匈奴兵战于浚稽山，终因寡

▲明·刘俊《汉殿论功图》

不敌众兵败投降。大臣们都谴责李陵不该贪生怕死向匈奴投降。司马迁为李陵辩护："李陵深入敌人腹地，带去的步兵不满五千人。他迎战几万敌人，虽然打了败仗，可也杀了很多敌人，也可以向天下人交代了。李陵虽然被迫投降，但他一定还想将功赎罪来报答陛下。"

汉武帝认为司马迁是在为李陵辩护，便把司马迁关进大牢。审理案子的酷吏杜周严刑审讯司马迁，但他始终不屈服，也不认罪。不久，有传闻说李陵曾带匈奴兵攻打汉朝，汉武帝便处死了李陵的母亲、妻子和儿子。司马迁也因此被判了死刑。当时被判死刑有两条免死的途径，要么交五十万钱，要么接受宫刑。司马迁交不起钱，当时又觉得宫刑是奇耻大辱，有辱先人，便想一死。但他想到父亲临终的愿望还没有完成，自己多年搜集的资料也将散失，因此忍辱负重接受宫刑，并用余生精力完成《史记》。

司马迁根据《左氏春秋》《国语》，利用《世本》《战国策》等史料，陈述《楚汉春秋》的史实，接续记载其后的史事。《史记》从黄帝写起，直到汉武帝结束。全书有十二篇"本纪"。由于年代、事件交叉难以明辨，因此司马迁写了十"表"。针对礼乐、律历、兵法、山川等专题，司马迁写了八"书"。为记载皇帝之外最重要的人物，司马迁写了三十"世家"。为记载立功名于天下的群臣，司马迁写了七十"列传"。全书总共一百三十篇，约五十二万六千五百字。

司马迁涉猎范围广博，贯通经传，驰骋于古今上下几千年之间。他的观点和当时普遍推崇的主流观点并不完全相同，而是有自己独特的思考。他善于说明事物的道理，明辨而不华丽，质朴而不鄙俗。他的文章秉笔直书，所记述的史事真实，不做虚假的赞美，不掩饰丑恶的东西，所以又被称作实录。

司马迁生前，《史记》并没有得到广泛关注。司马迁死后，他的书渐渐流传开来。到汉宣帝时，司马迁的外孙杨恽开始传播司马迁的著作，之后《史记》得以公开流传。

苏武——有气节的大丈夫

苏武，公元前 140 年生，杜陵（今陕西西安）人，汉武帝时期伟大的政治家和民族英雄。

因为父亲是朝廷重臣的缘故，苏武兄弟几人都做了郎官。后来苏武升任为皇帝掌管鞍马鹰犬的栘中厩监。当时汉朝连年征讨匈奴，双方多次派使节彼此窥探对方情况。匈奴扣留了汉使节郭吉、路充国等前后十余批人，汉朝也相应扣留匈奴前来的使节。

公元前 100 年，且鞮侯单于即位，担心受到汉军的袭击，于是向汉朝示好，准备送还汉朝的全部使节。汉武帝派遣苏武以中郎将的身份出使匈奴，持节护送被扣留在汉的匈奴使者回国，并送厚礼给单于，回报他的好意。但等苏武一行人到了匈奴那里，在向单于呈送玉、马、皮、帛等礼物后，匈奴对他们傲慢起来。

正当且鞮侯单于准备派人送苏武等人回汉朝的时候，匈奴的缑王和虞常等人密谋造反，准备把单于的母亲劫持到汉朝。事情败露后，虞常被活捉。虞常和苏武的副使张胜要好，他之前得到张胜的许诺对他进行支持。虞常被捉后，供出了张胜。单于大怒，并派人审讯苏武。苏武觉得以汉朝使节的身份屈身受审，即使活着，也没有脸面回到汉朝，于是拔出佩刀自杀，幸好周围的人及时制止了他。

▲清·任伯年《苏武牧羊图》

苏武的身体恢复后，单于派人通知苏武一起来审判虞常，并想借这个机会迫使苏武投降。在斩杀虞常后，匈奴兵又准备举剑击杀苏武、张胜。张胜请求投降。匈奴兵再次威胁苏武，并举起剑来装作要杀他的样子，苏武岿然不动。此前已归顺匈奴的卫律劝苏武说："我背弃汉朝，归顺匈奴，现在匈奴封我做王，拥有部众数万，马牛之类的牲畜满山。你今日投降，明日也是这样。"苏武痛骂卫律背叛自己的国家和亲人。

苏武越不肯投降，单于越希望使他投降，于是将他囚禁起来，关在与外界隔绝的地穴里，不给他提供饮食。下雪的时候，苏武只能将雪连同旃毛一起吞下充饥，竟然过了几天他都没有死。匈奴人觉得很神奇，就把苏武迁移到北海边（今俄罗斯的贝加尔湖）没有人的地方放牧公羊，并对苏武说，等到公羊生了小羊才能让他回汉朝。

苏武到北海后，匈奴供给的粮食没有到，他就掘取野鼠、收藏草籽吃。他拿着汉朝的使节牧羊，每天睡醒就拿着，使节上的装饰物都脱落光了。就这样过了五六年，苏武因为会编打猎的网和箭上的丝绳很受爱打猎的单于的弟弟喜欢。自此苏武有了相对稳定的衣服和食品供给。又过了三年，当时的单于又给了苏武一些牲畜和用具。但不久后，苏武的牛羊被人偷走，生活重新陷入困苦。

李陵投降匈奴后，心中一直惭愧，不敢去看曾经的好友苏武。单于曾派遣李陵去北海劝苏武投降，他对苏武说："你的大哥和弟弟因为犯小错而自杀了，你的母亲也已经去世，当时还是我送的葬，你的夫人已经改嫁。我刚投降时，觉得自己对不起汉朝，而且我的母亲还被官府囚禁，我比你更不想投降。但现在皇帝动不动就灭族数十家，你

▲五代·周文矩《苏李别意图卷》

就算回到汉朝，也不能确保安全。"苏武说："我们兄弟三人作为皇帝的近臣甘愿为国牺牲，你一定要逼迫我投降，那就请让我死在你的面前。"李陵只得辞别苏武。

汉武帝去世后，汉昭帝继位，匈奴与汉朝议和。汉朝希望遣返苏武等人，而匈奴欺骗汉朝说苏武已死。有人秘密见到汉朝使者，告知苏武等被匈奴扣押人员的情况。单于只好承认，苏武被送回汉朝。除了以前已经投降和死亡的，跟随苏武回来的一共有九人。

苏武回去前，李陵安排酒筵向他祝贺道："你这次回去，在匈奴扬名了，对于汉朝也是非常大的功绩，必定载于史册。而我李陵虽然无能和胆怯，假如汉朝宽恕我的罪过，不杀我的老母，让我在奇耻大辱下情绪得以释放，或许也能像你那样为汉朝做点贡献。是我害得全家被收捕并处死，这是人世间最大的耻辱。我还有什么可留恋的呢？我已成为回不去的异邦之人了。这一次分别是和你永远分离了，也是跟汉朝的永别！"

随后，苏武回到汉朝。苏武被扣在匈奴总共十九年，出使的时候正是壮年，等回来时已满鬓苍白。

班超：以一人之力经营西域数十年

　　班超，出生在一个史学世家，父亲班彪续写《史记》，哥哥班固写成《汉书》，妹妹班昭续修《汉书》。他自己年轻时也靠帮官府抄写文书来维持生计，后来因为哥哥班固的关系，被汉明帝任命为掌管文书档案的兰台令史。从家庭影响和最初的职业来看，他极有可能一辈子都和文字打交道。但他从史书里看到青史留名的人，很多是为国家立下了赫赫战功，所以觉得自己的志向不能只是在文字上。

　　公元 74 年，窦固带兵抗击匈奴，并任用班超做代理司马。窦固让他率领一支军队攻击伊吾，班超不辱使命，取得胜利。窦固非常欣赏班超的才能，派他跟郭恂一道出使西域。当时西域各国一方面愿意归顺汉朝，另一方面又受匈奴威胁。

　　班超等人到了鄯善国，一开始，鄯善国王恭敬而热情地接待了他们，但后来态度忽然变得冷淡。班超对部属说："大家是否感觉到鄯善国王对我们没有那么恭敬了？我猜这一定是有匈奴使者前来，鄯善国王在犹豫怎么对待我们。"他叫来侍候他的当地人，装着什么都知道的样子来套他们的话。班超严厉地质问："匈奴使者来了好几天了，你们都不说，他们现在在哪儿？"侍者被吓住了，就把实情全部说了出来。班超把侍者关起来后，召集手下的 36 人一起喝酒。在喝得正开心的时

曹大家班惠班

惠班姓名昭一名姬博學高才適曹世叔兄班固著漢
書未及竟而卒後和帝詔昭踵而成之數召入宮令皇
后諸貴人師事焉號曰大家

▲班昭像 清·无名氏《历代帝王圣贤名臣大儒遗像》

候，班超说："你们和我远离家乡来到这里，无非是想立大功求富贵。现在匈奴使者才来了几天，鄯善王就对我们冷淡了，他很有可能会把我们抓起来送到匈奴那里去，那我们就会死在他乡。你们看怎么办？"手下的人都说："现在情况这么危急，我们死活都听您的安排。"班超说："不入虎穴，焉得虎子？只有到了老虎窝里，才能抓小老虎。现在最好的办法，是趁夜晚天黑用火袭击匈奴人。他们不知道我们有多少人，一定大为惊恐。消灭匈奴人后，鄯善王就会倒向我们，这样便大功告成了。"有人提出："这件事要不要跟郭恂商量一下？"班超大怒，说："郭恂是个唯唯诺诺的文官，他知道后一定没有胆量做这件事，甚至可能泄露机密。大丈夫不能就这样默默无闻地死了。不管生死，成败就在今天。"大家同意了班超的说法。这天夜里，刮起大风，班超带着手下奔向匈奴使者的营地，让 10 个人拿着战鼓躲在匈奴使者驻地后边，并说："你们看到火烧起来了，就用力击鼓大声呐喊。"其余的人拿着武器，跟班超一起埋伏在匈奴使者驻地的门前。大火燃起，一时鼓声大作，匈奴使者被吓得乱成一团。班超亲手杀死 3 人，其他人杀死了匈奴使者和他们 30 多个随从，其余的 100 多人全被烧死。

第二天，班超把匈奴使者的头拿给鄯善王看。鄯善国举国震惊，鄯善王只能表示诚心归顺汉朝，并把自己的儿子送到汉朝做人质。

窦固把班超的功劳奏明汉明帝，并要求另外选派使者出使西域。汉明帝对窦固说："眼前就有班超这样能干的官吏，为什么还要选其他人呢？"于是任命班超为军司马，再次出使西域。窦固想让班超多带点士兵，班超说："遇到不测，人多反而是累赘。只要把原来的 30 多人给我就足够了。"

此时，于阗王刚攻破莎东国，势力遍布天山南北，匈奴还派了使者监视他们。班超到了之后，于阗王对他们很冷淡。于阗的巫师对国王说："你们跟汉朝接触，导致天神发怒。汉使有一匹好马，可以用来祭天谢罪。"于阗王派人向班超讨要那匹马，班超一口答应下来，但提出要巫师自己来牵马。等巫师到来后，班超直接将他杀死，并把他的头送给于阗王。于阗王早就听说班超在鄯善国诛杀匈奴使者的事情，所以，他马上下令杀死匈奴使者，重新归附汉朝。此后，西域各国纷纷表示归附。西域与汉朝中断了65年的关系，至此才真正得以恢复。

公元74年，疏勒国被匈奴支持的龟兹人统治，班超带手下人从小道向疏勒国进发，并派田虑提前去招降疏勒王。班超告诉田虑："疏勒国王并不是疏勒人，疏勒国的人不会真心为他效命，他如果不肯投降，就将他抓起来。"田虑见到疏勒王，见他没有归顺的想法，趁其不备，把他捆了起来。班超知道后，迅速赶到，并扶持原来疏勒王的侄儿做疏勒王，疏勒国的老百姓都很高兴。

公元75年，焉耆趁汉明帝去世的机会，攻打汉朝的西域都护陈睦，并将其杀害。而龟兹、姑墨等国也屡次进攻疏勒国。公元76年，朝廷担心班超孤立无援难以支撑，准备让他回国。疏勒国担心班超离开后会被龟兹再次灭国，而于阗国王也请求班超不要离开，不少人还抱住班超的马腿苦苦挽留。班超见状，毅然决定留下。他首先逮捕了疏勒国的反叛首领，又击破尉头国，斩杀600多人，使疏勒国再次安定。公元78年，班超率领疏勒等国的士兵1万多人攻破姑墨国，斩杀

▲敦煌壁画《于阗公主》

700人。

公元80年，班超上书给汉章帝，提出"以夷制夷"来平定西域的策略。汉章帝派徐干带领1000人去增援班超。公元84年，又派800人增援班超。

公元87年，班超调集于阗等国士兵2万多人，进攻莎车国。龟兹王又带领5万多人救莎车国。班超故意装出胆怯退缩的样子，并放松对龟兹俘虏的看管，让他们逃回去报信。龟兹王得知班超准备退兵后，率领1万骑兵准备在班超退兵的路上截杀他。而班超集中兵力直扑莎车国大营，斩杀5000多人，莎车国投降。班超因此威震西域。

公元90年，因为汉朝没有答应大月氏娶汉朝公主为妻的要求，大月氏的副王率兵7万翻越葱岭攻打班超。班超的军队在数量上处于劣势，大家都很恐慌。班超却说："大月氏虽然兵多，但他们跋涉数千里，运输极为不便，有什么可忧虑的呢？只要收藏好粮食，坚守不出，敌人便会因饥饿而投降，不过几十天便能击败敌人。"大月氏果然击不败班超，想抢掠粮草又抢不到。班超估计他们粮草将尽就会向龟兹求救，预先命几百士兵埋伏在路上截杀使者。大月氏的副王进退无据，只好派人向班超请罪，希望能放他们一条生路。班超放他们回国后，大月氏恢复了和汉朝的关系。

公元91年，龟兹、姑墨、温宿等国相继投降。朝廷任命班超为西域都护。班超和姚光命龟兹废掉原来的国王，扶持白霸为新国王。班超率军驻扎在龟兹它乾城。此时，焉耆、危须、尉犁三国因为曾经杀害前任西域都护陈睦，心怀恐惧，不敢归降。而西域其他各国，都已

▲古大月氏钱币

归降。

公元 94 年，班超调动龟兹、鄯善等 8 国军队共 7 万人讨伐焉耆。班超在军队到达前，就告知焉耆、尉犁、危须三国说："这次出征只是安抚三国。想改过从善就应派首领来迎接，并且可以得到赏赐。现在赏赐你们国王丝绸 500 匹。"焉耆王派他的左将迎接班超，班超责怪焉耆王没有亲自出来迎接。有人提议把焉耆左将杀死，班超却说："如果我们还没有进入他们的国境便杀了迎接的大臣，那他们就会固守险要不让我们进城。"于是赏给左将财物，让他回去。焉耆王亲自在尉犁城迎接班超。

但焉耆王从班超那里返回后，就下令拆除进入其境内的桥，班超只能带领军队从别的地方蹚过很深的水进入焉耆国。焉耆王大惊，想逃入山中顽抗。焉耆国左侯元孟曾在汉朝做人质，悄悄派使者向班超报信。但班超为了稳住焉耆国贵族，斩杀使者。班超提出要宴请焉耆、尉犁、危须三国国王及大臣，并给予厚赏。焉耆王、尉犁王等人到了，但危须王等人没有来。宴会开始后，班超突然变了脸色，责问焉耆王："危须王等人为什么没有来？"班超后来在陈睦当年所驻的故城，把他们都杀了，另立元孟为焉耆国王。为稳定局势，班超在那里停留了半年。至此，班超经略西域 22 年，西域 50 多个国家都归附了汉王朝。

公元 95 年，朝廷封班超为定远侯，后人称他为"班定远"。公元 100 年，班超给朝廷上书，说自己年纪大了，长期在异域，非常思念祖国。他的妹妹班昭也上书请求把班超召回国。汉和帝非常感动，于是召班超回朝，派任尚接替他做西域都护。任尚向他请教怎么治理西域，班超说:"我年老了,变得愚笨了,能力没法跟您比。但一定要说,我就说几句不怎么高明的话吧。到西域来的汉朝士兵,大多是因为有罪才被迁徙到边疆,本来就不是什么安分的人,而当地的人都是禽兽心肠,很难真正顺服。您可以不那么严厉和急躁,抓住重要的环节就行了,对于一些小过失要从宽处理。"班超走后,任尚私下对他的亲信说:"我还以为班超有什么奇策,他说的也就是老一套罢了。"任尚到任数年后,西域反叛,任尚因有罪被班超的小儿子班勇迎接回汉朝。此后,西域有十多年没有汉朝的官吏。直到公元119年,经班勇提议,汉朝才重新在西域设置官吏。

投笔从戎

东汉时期的班超一家在历史上非常有名,他的父亲班彪和哥哥班固、妹妹班昭都以写作《汉书》名垂青史,而班超自己则在西域建立军功,广为人知。公元62年,班超跟着母亲和哥哥一起到了洛阳,因为家里贫穷,他常常替官府抄写文件来养家糊口。班超觉得这样的工作没有出息,把笔放下说:"大丈夫的志向应该是像傅介子、张骞那样,在边疆为国立功,怎能总在笔砚之间打转转呢?"从此他就抛弃掉笔墨抄写的工作,投身到军队建立功勋。

张衡：全面发展的科学家

张衡是东汉伟大的天文学家、数学家、发明家、地理学家、文学家。他发明了浑天仪、地动仪，是东汉中期浑天说的代表人物之一，为中国天文学、机械技术、地震学的发展做出了杰出贡献。他在天文学方面著有《灵宪》《浑仪图注》等，数学著作有《算罔论》。他与司马相如、扬雄、班固并称"汉赋四大家"，文学作品以《二京赋》《归田赋》等为代表。

张衡家族是当地的大族。汉光武帝刘秀任命张衡的祖父张堪为蜀郡太守，跟随大司马吴汉讨伐割据益州的公孙述。虽然张堪首先攻入成都，但对于公孙述留下的堆积如山的珍宝却一点没有拿走。他为官清廉，在奉命调离蜀郡太守任时乘的是一辆破车，携带的只有一床被子。后来，张堪抗击匈奴有功，被任命为渔阳太守，曾以少胜多战胜匈奴 1万多骑兵。

张衡很小的时候就会写文章，后来到都城洛阳游学。在那里，他进入太学，结识了一些著名的学者。虽然他才华出众，但没有丝毫骄傲，性格也淡泊从容，不喜欢和粗俗的人交往。

汉和帝时期，他被推举为孝廉，获得当官的资格。但官府几次征召，他都不去。当时，汉朝已经太平了很久，举国上下的达官贵人都崇尚奢侈。张衡于是仿照班固的《两都赋》写成《二京赋》，用以讽谏这种不好的风气。大将军邓骘(zhì)欣赏他的才华，多次征召他做官，张衡都拒绝了。

张衡特别擅长机械，还喜欢钻研天文、阴阳、历算等。他平时喜欢读扬雄的《太玄经》，对道家、阴阳学等有独到的见解。他曾对好友崔瑷说："我读过《太玄经》后，才知道扬雄的高明。这本书可以和儒家的《五经》相提并论。这是一本汉朝建国200年以来的奇书，不仅记载一般事物，还让人明辨阴阳的奥秘。再过200年，这本书会被人们忘记吗？我认为汉朝建国400年的时候，还会兴起研读这本书的风气。"

汉安帝早就听说张衡精通算术，曾专门派官员征召他，拜他为郎中。数次后他再也推脱不掉了，只能接受。再后来，他升迁为太史令。张衡不太在意功名利禄，担任一个官位多年都没有得到升迁。

汉顺帝初年，张衡的职位发生变动，后来又继续担任太史令。他前后担任太史令这个职务达14年，很多重大的科学研究工作都是在这一阶段完成的。张衡撰写的《灵宪》全面体现了其在天文学上的成就。他在这本书中提出：天体的运行是有规律的，月光是日光的反射，月食是因为大地遮住了日光等观点，正确解释了冬季夜长、夏季夜短和春分、秋分昼夜等时的原因。张衡得出一周天为三百六十五度又四分度之一的结论，与今天所测地球绕太阳一周历时365天5小时48分46秒的数值相差很小。

公元132年，张衡在太史令任上发明了最早用来观测地震的地动仪，也被称为候风地动仪。地动仪用精铜铸成，球的直径有8尺，顶上

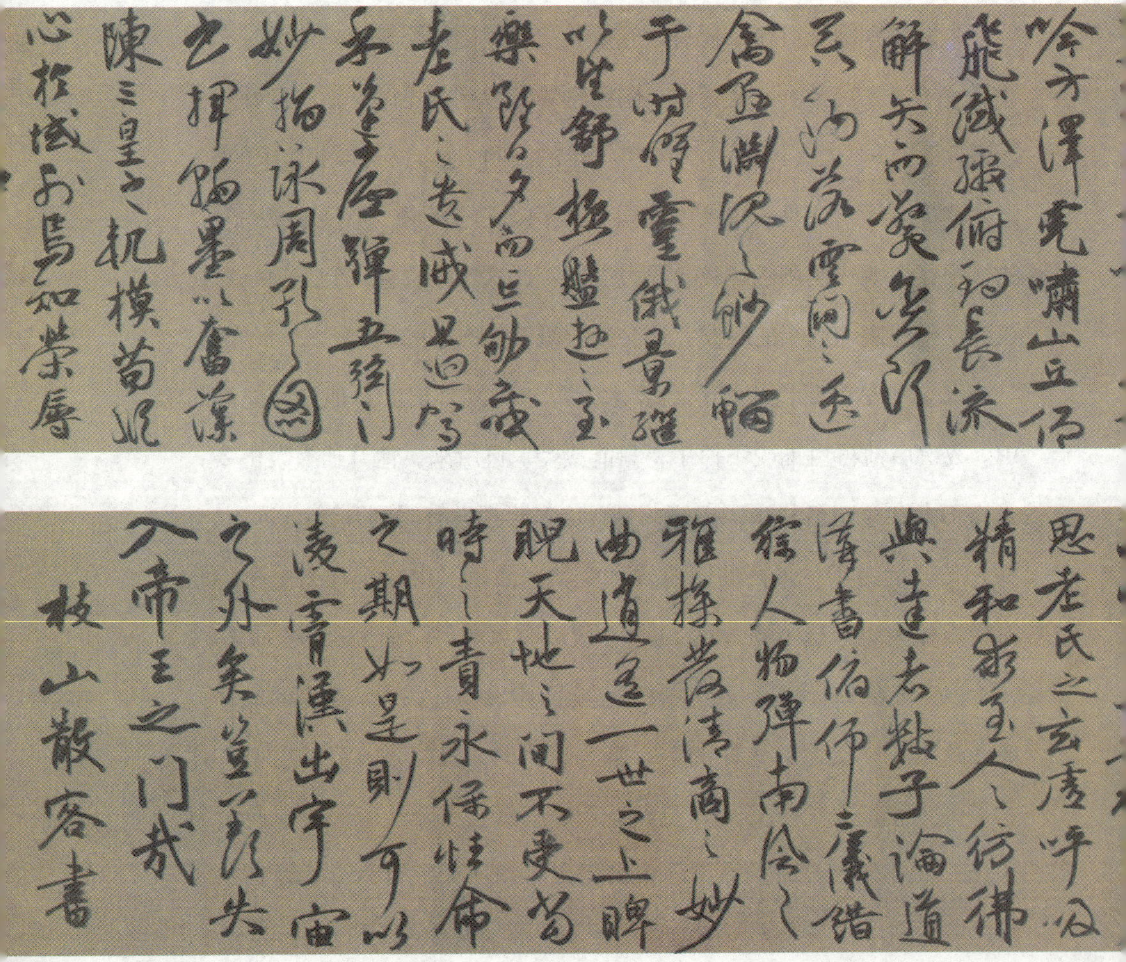

▲明·祝允明行草书张衡《归田赋》纸本

归田赋

游都邑以永久，无
明略以佐时，徒临
川以羡鱼，俟河清
乎未期。感蔡子之
慷慨，从唐生以决
疑。谅天道之微昧，
追渔父以同嬉。超
埃尘以遐逝，与世
事乎长辞。于是
仲春令月，时和气
清，原隰郁茂，百
草滋荣。王雎鼓翼，
仓庚哀鸣，交颈颉颃

之所如，

乐志论

使居有良田广宅，
背山临流，沟池环
匝，竹木周布，场圃
前，果园树后。舟车
足以代步涉之艰，
使令足以息四体之
役。养亲有兼珍之
膳，妻孥无苦身之
劳。良朋萃止，
则陈酒肴以娱之。嘉时
吉日，则烹羔豚以
奉之。蹰躇畦苑，游
戏平林，濯清水，追
凉风

163

有一块突起的地方，样子像当时的酒杯，用篆文、山龟鸟兽的纹饰进行装饰。地动仪中间有个大柱子，旁边有 8 条轨道，安装有开启和关闭的装置。它有 8 个方位，每个方位上都有一条嘴里含着铜珠的龙，每条龙的下方都有一只蟾蜍与之对应。如果哪一方发生地震，这个方向的龙嘴里的铜珠就会落到蟾蜍的口中，这样就可以知道哪个方向发生了地震。曾经有一条龙的开关被触发，但人们没有感觉到地震，洛阳的学者们都不信地动仪能准确预测地震。但几天之后，有人送信前来，说在陇西发生了地震，众人都信服了它的神妙。从此，朝廷就让史官记载各地地震发生的情况。候风地动仪是世界上最早的地震仪，虽然它只能测到地震的大概方位，但它领先后世其他类似的发明约 1800 年。

张衡还在西汉耿寿昌发明的浑天仪的基础上，创制了一个更精确、更全面的"浑天仪"。他用两级漏壶制造漏水转浑天仪，在铜球上刻有二十八宿以及黄赤道、南北极、二十四节气、恒显圈、恒隐圈等，再用一套转动机械使它与天球同步转动，以显示恒星的出没等。张衡还创造出自动日历，这个装置通过流水的作用，从每月初一开始，一天出现一片叶子，到满月出齐 15 片。然后每天再收起一片，到月末为止全部收起。它就相当于现今钟表上的日期显示。张衡制造的指南车利用机械原理和齿轮的传动作用，无论车子朝哪个方向转动，都能让车子上的木人指向南方。张衡还利用轮子的周长和转动次数的关系，制造了计算里程的记里鼓车。张衡还制作了能够滑翔的木鸟。

张衡的一生，为中国的天文学、机械制造以及地震学等方面都做出过巨大贡献，被后人誉为"科圣"。公元 139 年，张衡去世。

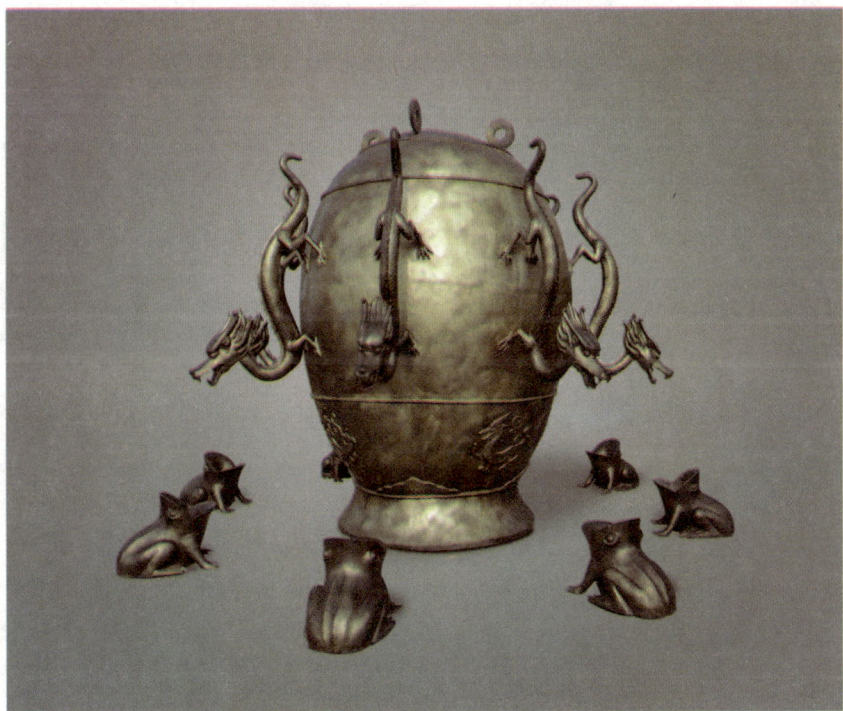

▲张衡·地动仪复原图

李膺：名士眼里的天下楷模

李膺（yīng）是东汉时期的名士。他的祖父李修曾担任太尉，父亲李益担任过赵国相。李膺性格孤傲，不善交际，年轻时朋友不多。他起初被举为孝廉，又得到司徒胡广的赏识，后来升任青州刺史。青州的郡守县令害怕李膺的严明，大多弃官而去。几次升迁后，李膺担任护乌桓校尉，屡次击破犯境的鲜卑人。

李膺后来被免官，就回到家乡教书，有上千学生，被当地人敬仰。有一次，当地有名的学者荀爽去拜访他，还为帮他赶马车而高兴地说："今天居然为李先生赶车了。"东汉名士郭泰在洛阳游学，得到李膺的赞赏，后来他要回乡，士大夫送他到河边，有几千辆马车，但他只与李膺同船过河。来送行的人望见他俩，就好像望见神仙一般。

公元156年，鲜卑又来侵犯，汉桓帝起用李膺为度辽将军。由于之前被李膺打怕了，那些来犯的敌人一听说李膺要来，就畏惧屈服了。公元159年，李膺升任河南尹，本来要查办一个贪污腐败的人，但那人通过贿赂宦官，反而诬陷他。司隶校尉应奉申诉说，李膺严正执法，得到老百姓的认可，又在边疆立了大功。皇帝因此免除了对李膺的处罚，并升任他为司隶校尉。

当时，大宦官张让的弟弟张朔贪婪残暴，甚至杀害孕妇，畏罪躲在张让家中柱子的暗格中。李膺得知后，捉拿张朔，并将他正法。张让向皇帝诉冤。皇帝责问李膺为什么不先请示就执行死刑。李膺答道："我一上任就做这些得罪人的事，都是为了维护朝廷和律法的尊严。如果因为我严格执法而被问罪，那就请在杀我之前，再给我5天时间。等我把那些大恶人处理干净后，再来接受惩罚。"皇帝听罢也不好治李膺的罪。从此宦官们的行为都有所收敛。当时，宦官手握大权，朝廷纲纪一天天败坏。有人巴结这些宦官，但更多读书人认为同宦官在一起可耻。于是读书人放肆议论、批评朝政，并按官员的名声来排列名次。很多人以不和宦官们合作来标榜自己的名节。因此，李膺这种刚正的性格赢得了更多人的尊敬，读书人都以和他交往为荣，把被他接待叫作"登龙门"。京师太学有3万多学生，郭林宗、贾伟节是他们的首领，而朝廷上李膺、陈蕃、王畅则有很好的名声。他们相互推重，在学子中都流传："天下楷模李元礼（李膺），不畏强御陈仲举（陈蕃），天下俊秀王叔茂（王畅）。"

公元166年，东汉发生第一次党锢之祸。有个叫张成的人擅长占卜，他推算朝廷将有大赦，于是教儿子杀人。李膺捉拿了张成的儿子。不久，朝廷大赦罪犯，但李膺还是将张成的儿子处死了。张成状告李膺等人结交太学和地方的读书人，结为朋党，诽谤朝廷，搞乱风俗。皇帝本就对在朝廷之外形成的势力很忌惮，因此非常恼怒，逮捕了李膺以及相关的人。李膺被抓后牵连200多人，那些逃走的都被悬赏捉拿。太尉陈蕃在审理案件的时候认为这些被捕的人都是忧国忧民的忠臣，不肯在案卷上签名。皇帝更加愤怒。由于李膺等人的案件牵涉一些宦官的子弟，他们因此请求皇帝大赦天下，后被捕的人都被免罪。因此，李膺被放，没有获罪，但和李膺一样正直的一批人被废弃不用，李膺在士人中的名气越来越大。荀爽担心李膺名气太大而惹来杀身之祸，劝他隐居起来。

公元 168 年，汉桓帝去世后，汉灵帝即位。窦武因为是窦太后的父亲而被任命为大将军，陈蕃再度被任命为太尉。他们引荐许多天下名士为官，李膺也因此担任长乐少府。

陈蕃、窦武不满宦官干政，准备合谋诛杀宦官。虽然皇帝处死了部分宦官，但大宦官曹节等人却被窦太后保护了下来。后来，宦官知道士人一直想把他们消灭，就假借皇帝的名义劫持窦太后，追捕窦武、陈蕃等人。李膺等人再次被罢官。

公元 169 年，发生第二次党锢之祸。有个叫张俭的，得罪了大宦官侯览，侯览便让人举报他和同郡 24 人自立名号，结成朋党营私，危害朝廷。汉灵帝下令逮捕张俭等人，李膺等 100 多人被逮捕，李膺这次没能逃脱，死在狱中。

在李膺被捕前，曾有人劝他逃走，他却说："遇事不逃避，这是我的节操。生死由命，我能跑到什么地方去呢？"便主动投案，被拷打致死。此后，凡是有点私怨的，就彼此陷害是朋党。地方上跟着抓朋党，有些根本和他们没有来往的人，也受到牵连，一共有六七百人。和他们有牵连的人也被列入名册，终身不得被朝廷录用为官。

公元 176 年，有人上书为党人申冤。皇帝大怒，要求更严格地清查党人，并规定他们五代之内的子孙都不准做官。公元 179 年，皇帝接受建议，废除了牵连五代的禁令。

公元 184 年，黄巾起义爆发，有人对皇帝说："对朋党的禁锢这么久了，如果还不赦免他们的罪，那就容易与张角合谋，使得朝廷大乱。"皇帝这才大赦党人。那些被处死的党人家属之前被流放到外地，这时才准回到家乡。

两次党锢之祸，以士大夫和读书人为主体的党人遭到残酷镇压。20 多年间，朝廷的纲纪荡然无存，也动摇了东汉政权统治的根基。当黄巾之乱、董卓之乱发生时，那些正直和有责任心的士大夫已经很少，他们已没有能力来挽救王朝。而强权就是王道、为了争权夺利不择手段、不在乎老百姓的死活等人心之恶，都在此后的历史舞台上一一展现。

四世三公

汉朝官员的选拔任用以推荐为主，推荐的标准是品德高尚、有学问。但这种标准很难客观地把握，所有拥有推荐权的官员往往相互举荐各自的儿孙和学生、部下。这就造成位居司徒、司空、太尉"三公"这样高位的人，通过自己的影响力能让儿孙继续担任这样的官职。比如，袁绍的祖上就曾连续 4 代人都做到"三公"的高位。

郑玄：汉代经学的集大成者

郑玄是东汉末年儒家学者、经学大师。汉武帝时期"罢黜百家，表彰六经"后，对《诗》《书》《礼》《易》《春秋》这 5 部儒家经典都设置博士进行传授，儒学逐渐演变成经学。东汉开国皇帝刘秀曾在太学学习经学，因此东汉的最高统治者都非常重视经学。

公元 79 年，汉章帝亲自召集各地有名望的儒生在白虎观讨论经学，后来班固把大家的意见汇总后编成《白虎通义》。朝廷在选拔官员的时候也侧重以擅长经学为标准，甚至把经学思想作为制定制度的依据。后来到京城学习的士人越来越多，达 3 万多人。

郑玄小时候一心向学，非常务实，不慕虚荣。他跟随母亲去做客，很多客人衣着华美、夸夸其谈，只有郑玄默默地坐在一旁，似乎身份和才学都赶不上人家。母亲让他也展现一下自己的才华，郑玄却不以为意，说他的志向不是在这些庸俗的场合引起别人的注意。因为家境贫寒，他年轻时做了乡里掌管诉讼和收赋税的小吏。他觉得这样没什么出息，总要到学校读书。他的父亲拿他没办法，只好让他到京城太学里学习。他先拜师学习《京氏易》《三统历》《九章算术》，后来又精通《周官》《礼记》《左氏春秋》《韩诗》《古文尚书》，对今文经和古文经这两大学派的重要典籍都熟读于心。他还遍访名儒，虚

▲郑玄像

心向他们学习。到 30 岁的时候，郑玄在经学上已经有较高造诣。但他不满足于此，继续拜马融为师。

马融是当时最著名的经学大师，对很多儒家经典进行了注解，特别擅长古文经。马融的学生有 400 多人，但能够得到马融亲自授课的只有 50 多人。郑玄去了 3 年，连马融的面都没有见到，只能听马融的学生讲授。有一次，马融和他的学生在一起演算天文问题，一时解答不出来。有人提议找精通数学的郑玄来解答，郑玄很快解决了问题。此后，马融才开始重视郑玄。郑玄便拿平时学习时的疑问向马融求教，

▲清·华喦《郑玄诫子图》

学问有了进一步增长。郑玄在马融门下学习了7年，最后因父母年迈而回家。马融此时感到郑玄的学问已经非常厉害，甚至会超过自己，一定可以将自己的思想发扬光大。

郑玄从马融那里学成回家后，远近数百里的学生想拜他为师，听他讲学。郑玄一边种田维持生计，一边教授学生。党锢之祸发生后，郑玄也被禁锢。于是他埋头研习经学，闭门不出。当时何休是钻研《春秋》最出名的经学家，写了几部有关的著作，认为"春秋三传"中只有《公羊传》义理深远，而《左传》与《谷梁传》则存在严重的缺点，根本不值得研究。郑玄对此进行了辩驳，认为三传各有其优缺点。何休读完后，也非常佩服。东汉初年，偏重说理的今经学派比较流行，到了马融、郑玄之后，对古文经考证得非常精深，从此古文经得到重视。

党锢之祸解除后，大将军何进听闻郑玄的名气很大，就派人强召他到朝廷。何进对他非常尊重，但郑玄只待了一个晚上就逃走了。孔融非常崇拜郑玄，要求当地官员在郑玄的家乡设立一个"郑公乡"，还告诫郑玄的邻居们扩大自己里巷的大门，因为和这样有德行有学问的人住在一起，后世子孙很有可能当高官。

黄巾起义后，郑玄到徐州避难，徐州牧陶谦把他当老师一样接待。郑玄从徐州回家乡的路上，遇到几万黄巾军。黄巾军见了郑玄都下来跪拜，并约定不得攻打郑玄的老家高密。

公元200年，郑玄去世，他的学生和郡守以下官员1000多人前往送葬。郑玄的学生把郑玄生前回答疑问的见解编撰成《郑志》。郑玄倾向于古文经学，但他打破今、古文界限，广泛搜求各家学说，仔细考订异同，做到了融会贯通。郑玄注释儒家经典和自著的著作共有几百万字，在中国经学史上做出了无与伦比的杰出贡献。

在郑玄所注释的儒家经典中，最著名的是《三礼注》。"三礼"这个名称也是郑玄分别为《周礼》《仪礼》《礼记》作注之后才确定下来。《礼记》得以独立成书，也是因为郑玄辨析选辑和整理。郑玄订正了经文的错谬，条分缕析，弄清源流。在解释经文的时候，他又补充了许多经文之外的材料。很多今天已经见不到的书籍，其中一些观点通过郑玄的注释得以流传下来。

董卓：400年乱世的开启者

　　董卓是东汉末年的权臣，他生性残暴又很有谋略。他利用汉末战乱占据东汉都城洛阳，挟持汉献帝，东汉政权名存实亡。他的诸多恶行遭到其他势力集团和他的部下的联合讨伐。董卓被杀后，他的部下继续把持朝政并相互争斗，皇帝流离失所，各地地方官纷纷脱离中央的控制，开启了地方割据时代。

　　董卓出生在靠近西北边陲的陇西郡，当地土地贫瘠，并长期与游牧民族交战，民风彪悍。董卓年轻时曾在羌族地区生活，并想办法和他们的头领们结交。后来一些头领来做客，他违背朝廷不准私自杀耕牛的禁令，用耕牛肉来设宴招待。头领们非常感谢他的恩情，回去后送来上千头牲畜。从此他以勇猛、讲义气而声名在外。董卓体力过人，佩戴两个弓匣，能够左右奔驰发射，边疆的少数民族都不敢招惹他。

　　董卓后来以地方大家族子弟的身份被举荐到朝廷做羽林郎。中郎将张奂征讨羌人，董卓做了军司马。他充分发挥勇猛强悍的优势，打败了叛乱的羌人，被封为郎中。董卓对手下的将士说："仗都是靠你们打的，但功劳都记在我的头上。"于是把朝廷赏赐的9000匹绢布都分给了这些将士。董卓一步步升任为西域戊己校尉，并官至并州刺史、河东太守。在一次镇压黄巾军的战斗中，他代卢植到下曲阳攻打张角，

▲明·陈洪绶《博古叶子》之董卓

遭到惨败。董卓获罪革职，被贬回陇西。

公元184年，北地郡的羌族反叛，杀死护羌校尉。之后，周边其他势力联合羌族，不仅杀死了金城太守，还以讨伐宦官为名向京城进逼，威胁皇家陵园。汉灵帝急忙调集各方力量抵抗。董卓被任命为中郎将，作为皇甫嵩的副手去征伐他们。皇甫嵩因没有成效而被免职。朝廷又任命张温为车骑将军，和袁滂、董卓、周慎等率领步兵、骑兵共十余万人保卫皇家陵园。起初，张温、董卓与他们交战总是失利，张温等人心急如焚，生怕朝廷怪罪，董卓却不担心，一直等待击退敌军的时机。有天夜里，突然出现一道长达十余丈的流星，流星像火一样大，把敌营都照亮了，战马一齐狂叫。敌人认为这不吉利，想撤退到金城。董卓听说后大喜，第二天和其他人一起向敌军进攻，杀敌数千人。

董卓率领三万军队继续追击，但反被包围，粮食也没有了。于是，他在河上筑了一道堤堰，截断上游的流水，装作在捕鱼，但悄悄地从堤堰后面撤回军队。等到敌军来追他时，截的水已经很深了，无法渡河。当时追击敌军的其他各支部队都吃了败仗，只有董卓带领的军队完整无损地退了回来。董卓因此被封侯。

公元185年，韩遂掌握了羌胡军队的主导权，又联合马腾等人攻击东汉，一时势不可挡。第二年，韩遂等人围攻陈仓，危及长安和洛阳。汉灵帝任命董卓为前将军，董卓与皇甫嵩一起大败韩遂、马腾，解了陈仓之围，因此又得到朝廷封赏。

董卓在征讨羌胡、镇压黄巾军的过程中，因战功不断升迁。击败韩遂等人后，他的势力更加壮大，形成了一支以凉州人为主体，兼杂胡人和汉人的混合军队。公元 188 年，朝廷担心董卓的势力太大，就任命他为不掌实权的少府。董卓婉言拒绝，表示还想继续带兵攻打羌胡人。汉灵帝病逝前，任命董卓为并州牧，让他把兵交给皇甫嵩，但他拒绝交出兵权，驻兵河东，并控制整个陇西。

公元 189 年，汉灵帝去世，汉少帝刘辩继位。宦官和外戚为争夺朝廷的控制权，展开激烈斗争。汉少帝的舅舅何进想杀掉宦官张让，但遭到何太后的反对。何进便以皇帝的名义召董卓进京讨伐张让。但在董卓赶到洛阳之前，何进就被张让等人杀死。袁术听到何进被杀的消息后，统兵追杀张让等人。张让慌忙劫持汉少帝刘辩和陈留王刘协逃到黄河渡口小平津。董卓赶到后，看到少帝刘辩惊慌失措，而一旁的陈留王刘协主动上前向董卓讲述了整个事变的经过，条理清楚。董卓认为刘协比刘辩强得多，又是董太后亲自抚养的，就想废立皇帝。

董卓进京时所带的军队不多，晚上偷偷把军队从城里带出去，天亮后又大张旗鼓回城，使人误认为董卓的军队又到了。他这样连续干了四五天，人们都被他的气势吓住了。董卓兼并了何进、丁原等人的军队，实力大增，就召集朝臣废汉少帝，立陈留王刘协为皇帝，这就是汉献帝。

董卓是个残暴的武将，但也知道治理国家、维护政权稳定需要各地士人的支持。等到他把持朝政，提拔任用众多士人，一些曾被宦官打压的人都做了列卿，各地太守也都让地方有名望的士人担任。对于袁绍和曹操这样的实力派，董卓也极力拉拢，在拉拢无效后，又进行

▲明青花·吕布投靠董卓图笔筒

▲ 吕布像

威胁。而对于自己的亲信，董卓都没有安排显要的职位。

董卓率军进兵洛阳时，放纵士兵从王公贵族家里掳掠妇女，抢劫财物，把整个洛阳城闹得鸡犬不宁。公元190年，冀州牧韩馥与袁绍等十多人起兵反对董卓，但这些反对董卓的人却大多是董卓提拔和拉拢的世家大族。长沙太守孙坚联合各郡军队征讨董卓，起初全部被董卓击败。后来孙坚又重新召集人马，打得董卓派人求和。这时，其他地方的实力派纷纷起兵讨伐董卓。

董卓决定迁都长安以避锋芒，为了防止官员和老百姓逃回故都洛阳，董卓将洛阳城以及附近两百里内的宫殿、宗庙、府库等大批建筑物全部焚毁。董卓手下的士兵经常杀死周边老百姓，掳走妇女和财物，并对外人宣称是战胜敌人所得。董卓颁布的法律混乱，对普通老百姓往往实施严刑酷法，而对亲信家族的违法行为则不予追究。为了敛财，他又毁坏五铢钱，改铸小钱，把搜刮来的铜器作为铸钱的材料。小钱的流通导致通货膨胀，物价飞涨。

除了各地讨伐董卓的力量外，朝廷也不断有人密谋除掉董卓。司徒王允、尚书仆射士孙瑞和董卓的亲信吕布一起制定了刺杀董卓的周密方案。一天，皇帝大病初愈，大臣们在未央殿举行集会恭祝皇帝康复。吕布事先安排李肃等人换上卫士的衣服藏在宫殿北掖门两边。董卓快走到时，马受惊不肯往前走。李肃用戟把董卓的手臂砍断，却刺不穿他身上的厚甲。董卓回头大叫："吕布在哪里？"吕布应声回道："我得到皇帝诏书，要讨伐贼臣董卓。"

董卓大骂："你就是我喂养的一条狗，竟敢背叛我！"吕布拿矛刺向董卓，最终杀死了他。抄家时，董卓的家里藏有两三万斤金子，八九万斤银子，还有堆积如山的珍宝，都被抄没，整个家族也全部被杀。

董卓被杀后，满朝文武和士兵都高呼万岁，老百姓在大街小巷载歌载舞，还有人甚至卖掉珠宝衣服买酒肉来庆贺。

董卓死后，凉州军余部由李傕（jué）、郭汜（sì）等人掌握。李傕等人派人到长安，乞求赦免。王允没有答应。他们干脆带兵攻打长安，觉得打下来就能得天下。李傕沿途收罗散兵，等到了长安，已经有十余万人。他们与董卓的旧部樊稠等人会合，包围长安。长安城墙高陡，李傕一时打不下。到第八天，吕布军中的士兵在城内叛变，接应李傕入城。李傕的军队围住汉献帝，汉献帝大赦天下，并把李傕、郭汜、樊稠等都封为将军。

凉州军所属的马腾、李傕、韩遂、郭汜、樊稠等各股势力时而联合，时而相互攻击，内部逐渐瓦解。郭汜和李傕发生争执，他们都想控制朝廷。最后，李傕挟制了皇帝，郭汜扣押了大臣。两人互相攻杀了几个月，死了上万人。

张济想调解李傕和郭汜的矛盾，并提出把皇帝迁到弘农。汉献帝派人恳请了十几次，李傕才答应。郭汜等人一起护送汉献帝，但一路上，各种势力开展了很多次混战。

半路上，郭汜想胁迫汉献帝到郿城，一起护送汉献帝的杨定、杨奉、董承均不答应。郭汜丢下护送皇帝的军队，又回头去找李傕商量。汉献帝的车子走到华阴的时候，杨定与前来迎接的段煨（wēi）发生争斗。

李傕、郭汜这时候后悔让汉献帝从长安出来，于是想劫持汉献帝再回长安。在杨定被击败逃走后，汉献帝身边主要的得力干将是杨奉、董承。张济联合李傕、郭汜与杨奉、董承大战，董承、杨奉兵败。董承、杨奉假装和李傕等人联合，但又秘密联系黄河以东的势力。经过多次混战，汉献帝周围的卫士已经不到百人了。董承、杨奉偷偷带着汉献帝渡过黄河。河内太守张杨派数千人前来迎接皇帝，汉献帝这才得以安定下来，暂时定都在安邑。汉献帝又派人跟李傕、郭汜等人讲和，李傕这才放回公卿百官。长安城经过多次战乱，已经破败不堪，周围荒无人烟。汉献帝在杨奉等人护送下再次回到洛阳。

由于朝中混乱，董承秘密召兖州牧曹操到洛阳。曹操以洛阳残破为由，把皇帝迁到许城。杨奉等人想要阻拦，但被曹操击败。公元197年，郭汜被他的部将杀死。公元198年，朝廷讨伐李傕，灭其三族。

自从皇帝迁到许城之后，曹操把持朝政。汉献帝秘密下诏给董承，让他联合其他人除掉曹操。事情败露。董承被曹操杀死。韩遂与马腾回到凉州后，攻下陇地占据关中。公元211年，马超与韩遂起兵反曹操，被曹操击败，马腾被灭三族。公元214年，韩遂逃到金城，被其部下杀死。至此，和董卓有关的势力全部被消灭。

大事记

公元前247年：秦王嬴政即位

公元前221年：秦帝国建立，嬴政称秦始皇帝

公元前215年：蒙恬率兵三十万伐匈奴，并开始修建长城

公元前210年：秦始皇卒于沙丘

公元前210年：胡亥继位，为二世皇帝

公元前209年：陈胜、吴广起义，项羽、刘邦等奋起响应

公元前206年，秦王子婴向刘邦投降，秦亡

公元前202年：刘邦打败项羽于垓下，建立汉朝

公元前188年：吕后临朝称制

公元前180年：汉文帝继位

公元前154年：吴、楚等七国叛乱，周亚夫奉命平乱

公元前138年：张骞出使西域

公元前127年：卫青出击匈奴，取得河南地区，设朔方郡

公元前121年：霍去病大败匈奴，控制河西地区，打开了通西域
的道路

公元前87年：汉武帝去世，汉昭帝继位

公元前60年：设西域都护府

公元5年：王莽代行皇帝之权

公元8年：王莽自称皇帝，国号"新"，西汉结束

公元25年：刘秀称帝，定都洛阳，国号汉（东汉）

公元48年：匈奴分裂为南北匈奴

公元73年：班超出使西域

公元105年：蔡伦改良造纸术

公元132年：张衡造候风地动仪、浑天仪

公元166年：第一次党锢之祸

公元169年：第二次党锢之祸

公元184年：张角领导黄巾军起事

公元189年：袁绍引兵入宫，杀宦官2000余人

公元190年：董卓挟持汉献帝专政

公元200年：官渡之战，曹操大败袁绍

公元208年：赤壁之战，孙权、刘备联合打败曹操

公元220年：曹丕篡汉，改国号为"魏"，东汉结束